RUSSIE & JAPON

LES

FINANCES DES BELLIGÉRANTS

PAR

Karl HELFFERICH

PROFESSEUR A L'UNIVERSITÉ DE BERLIN

(Traduit de l'Allemand)

Prix : 2 francs

PARIS

GUILLAUMIN & Cie,

Éditeurs du Journal des Économistes

Rue Richelieu, 14

1904

RUSSIE & JAPON

LES

FINANCES DES BELLIGÉRANTS

RUSSIE & JAPON

LES

FINANCES DES BELLIGÉRANTS

PAR

Karl HELFFERICH

PROFESSEUR A L'UNIVERSITÉ DE BERLIN

(Traduit de l'Allemand)

Prix : 2 francs

PARIS

GUILLAUMIN & Cᵉ,

Éditeurs du Journal des Économistes

Rue Richelieu, 14

1904

AVANT-PROPOS DU TRADUCTEUR

Les finances de la Russie et du Japon ont fait l'objet d'études plus nombreuses encore que sérieuses depuis que la guerre a éclaté. Il a fallu renseigner le public ; on l'a fait souvent en s'inspirant plus de ses sympathies que d'une connaissance réelle et approfondie des faits : cela a été notamment le cas des journaux et des revues d'Angleterre et des Etats-Unis. En France, M. Paul Leroy Beaulieu, membre de l'Institut, rédacteur en chef de l'*Economiste Français*, M. Raphaël-Georges Lévy, M. Neymarck, M. Edmond Théry, M. Kergall, ont examiné et apprécié la situation d'une façon impartiale : leur jugement a été favorable à la Russie ; ils ont fait ressortir que la Russie était admirablement préparée financièrement à la guerre (1), que la supériorité de l'outillage financier de l'Empire moscovite lui permettrait d'envisager avec plus de calme que ses adversaires la prolongation de la campagne (2).

En Allemagne, la *Deutsche Rundschau* qui répond à peu près à ce qu'est la *Revue des Deux Mondes en France*, a consacré deux articles aux Finances de la Russie, dont nous donnons un résumé à l'appendice. Mais de beaucoup le travail le plus complet et le plus étendu qui ait paru jusqu'ici est celui de M. le professeur Helfferich : *Sur le côté financier de la guerre russo-japonaise* qui a paru d'abord dans la *Marine Rundschau (Revue de la Marine)* d'octobre 1904. On y trouve le tableau impartial et exact de la situation budgétaire et économique des deux pays aux prises.

M. le professeur Helfferich a acquis par des ouvrages considérables sur l'Histoire monétaire de l'Allemagne, sur la Monnaie et la Banque, sur la Politique Commerciale, etc., une grande réputation (3).

(1) M. Paul Leroy-Beaulieu, *Economiste français* du samedi 1ᵉʳ octobre 1904, page 474, 2ᵉ colonne.

(2) Raphaël-Georges Lévy, Finances de guerre, Russie et Japon, *Revue des Deux-Mondes*.

(3) M. Helfferich a été l'un des élèves favoris de M. Lud-

Si nous nous sommes décidé à traduire le petit volume de M. Helfferich, c'est qu'il présentait des garanties pour le lecteur, que l'on pourrait ne pas trouver dans des publications éphémères ou émanant de l'un ou l'autre des belligérants en présence.

M. Helfferich, met en lumière un point très important : d'une part, la Russie a travaillé jusqu'à la veille des hostilités à consolider ses finances ; elle a réussi à réunir un stock d'or considérable pour la sécurité de son système monétaire, stock qui pouvait éventuellement rendre des services en cas de guerre, — d'autre part, le Japon, pour exécuter son programme militaire, depuis des années a tendu ses forces économiques et financières jusqu'à la limite la plus extrême de leur capacité. Pour le Japon, au point de vue financier, la guerre n'a pas commencé au mois de février 1904, mais quelques années plus tôt.

M. Helfferich, après avoir examiné attentivement la situation financière de la Russie, arrive à la conclusion que jusqu'ici la guerre n'a amené

wig-Bamberger, qui a laissé une marque si profonde dans la reconstitution monétaire de l'Allemagne et qui a été un économiste du plus rare mérite.

qu'une augmentation modérée de sa Dette, qu'elle n'a pas encore eu recours à des impôts de guerre et qu'elle dispose actuellement de sommes très considérables à l'étranger. L'administration financière russe possède dans le stock d'or et dans le droit d'émission fiduciaire dont elle a fait un usage très modéré, une puissante réserve de force.

La condition des finances japonaises est appréciée d'une façon beaucoup moins favorable. La Dette du Japon a progressé de 80 0/0 depuis 1895. Le gouvernement, sauf quelques fonds spéciaux de médiocre importance, n'a pas eu à sa disposition des ressources analogues à celles de la Russie. La situation de la Banque du Japon est des plus médiocres. Si l'on compare la situation des deux banques, on voit que l'encaisse or de la Banque du Japon est de 300 millions de francs, que celui de la Banque de Russie dépasse 2.500 millions ; la quantité de billets de la Banque de Russie n'est cependant que trois fois plus élevée que celle de la Banque du Japon. Cette comparaison, de même que les énormes accroissements d'impôts au Japon et l'immense accroissement de la dette japonaise de 560 à 860 millions de yens, depuis le commencement de la guerre, alors que

la dette russe a augmenté à peine de 4 0/0, montrent l'écrasant fardeau que la guerre fait peser
déjà sur le Japon.

De la lecture des pages qui suivent, il se déga-
gera une conviction, si l'on est de bonne foi, c'est
que *financièrement* la Russie était ainsi prête à subir et à supporter le choc. Les efforts constants
que trois ministres des Finances, MM. Bunge,
Wischnegradsky et Witte, avaient faits depuis une
vingtaine d'années pour asseoir le budget de l'empire sur des bases solides, pour alléger le fardeau de la dette publique, pour assainir la circulation fiduciaire et réformer le système monétaire, pour développer les ressources économiques du pays, n'ont pas été perdus. La Russie a
profité des leçons de l'expérience ; les hommes
d'Etat, responsables de la gestion de ses finances, ont pris à cœur d'éviter les fautes et les er-
rements du passé, et c'est ainsi que, grâce au
travail de ses prédécesseurs, le ministre des Finances actuel, M. Kokovtzeff, peut faire face aux
exigences redoutables de la guerre avec le Japon.
La réalité des ressources disponibles de la Russie
éclate dans les statistiques concernant l'encaisse
or de la Banque, l'avoir de la Trésorerie, et aussi
dans la marge considérable d'émission de la Ban-

que de Russie. On est loin du temps où il fallait émettre des billets sans couverture métallique pour subvenir aux besoins de la guerre contre la Turquie, en 1877-78 ; on émit alors à découvert une somme égale à ce que la Banque de Russie peut aujourd'hui émettre légalement, contre une pleine garantie métallique, R. 440 millions.

Paris, le 15 octobre 1904.

RUSSIE & JAPON

LES
FINANCES DES BELLIGÉRANTS

Considérations générales.

La vérité que, pour faire la guerre, il faut de l'argent et encore de l'argent, est si vieille, que l'on a presque honte de répéter une banalité semblable ; mais, néanmoins, cette antique maxime n'en demeure pas moins une vérité ; bien au contraire, avec le développement de la technique de guerre sur terre et sur mer, elle est devenue de plus en plus une vérité. Ce n'est pas que l'homme et tout ce qui lui est intimement lié aient perdu toute influence pour le succès militaire du fait de l'équipement technique ; une semblable conception serait encore plus fausse que celle qui, dans la transformation de la petite industrie en grande industrie, ne veut voir que le déplacement de l'homme par la machine. Le matériel hommes, au point de vue numérique, sa force physique, son instruction, l'esprit qui l'anime, l'organisation et la discipline qui le maintiennent, la personnalité du chef, tout cela sont des facteurs qu'aucun équipement technique ne peut remplacer, dans l'industrie par aucune machine, dans l'art de la guerre, par aucun navire de guerre et aucun canon. Ce n'est pas en éliminant ces facteurs, mais en augmentant la force et le rayon de leur efficacité que se trouve l'importance de chaque appareil technique.

L'importance de la technique et le capital marchent ensemble ; le capital est l'incorporation de la technique. Avec le développement de la technique de l'armement moderne, l'importance de la force économique et financière de la nation, au point de vue de sa capacité militaire, a grandi. Déjà, en temps de paix, l'entretien de l'armement et son accommodation à tous les progrès de la technique des armes, chez tous les peuples, exige des dépenses énormes et sans cesse progressives, lesquelles, à la longue, peuvent être supportées seulement par des États économiquement prospères et bien conduits financièrement. Dès que la guerre éclate, il surgit une aggravation aiguë des exigences au point de vue financier. La mobilisation, le transport d'immenses quantités de troupes avec leur équipement, l'entretien et le solde des troupes, l'énorme consommation de matériel de guerre de toute nature, qu'il faut remplacer de suite, tout cela exige la prompte réalisation de sommes gigantesques à un moment où la guerre, en retirant les occasions de travail, en troublant les conditions économiques, notamment celles du commerce étranger, paralyse une grande partie de la vie économique. L'examen de ces exigences financières d'une guerre moderne montre, qu'à côté de la nécessité

d'être prêt militairement, il existe pour tout Etat sou-
cieux de son avenir la nécessité d'être prêt financièrement. Les obligations qui incombent à l'administration financière pour la défense nationale ne se bor-
nent pas à tenir prêtes, en temps de paix, les sommes
nécessaires pour maintenir en état l'armement de
guerre, mais encore elles embrassent les dispositions qui garantissent l'exacte rentrée des sommes
nécessaires. Pendant la guerre elle-même, la force
financière d'un peuple n'agit pas comme une masse
morte, par sa seule présence, comme l'armée et la
flotte ; bien plus, il faut, pour les finances, une conduite avisée, qui tire parti de toutes les forces existantes ainsi que de toutes les opportunités. Les opérations du général ont besoin d'être soutenues par
les opérations du chef des finances publiques. De
même que le perfectionnement continu de l'outillage
de guerre et les modifications de la technique qui en
résultent exigent l'attention ininterrompue de tous
les Etats qui veulent assurer la complète efficacité
de leur armée et de leur flotte, de même ni l'augmen-
tion des besoins d'argent, provoqués par la guerre,
ni les modifications survenues dans l'organisation des
marchés des capitaux et dans les procédés de se procurer de l'argent, n'admettent une attitude purement
passive. L'effroyable lutte que la Russie et le Japon
mènent pour la suprématie de l'Asie orientale, avec
tous les moyens de la technique moderne, mérite
d'être suivie attentivement non seulement au point de
vue militaire, mais encore au point de vue financier.

Comme les événements sont en cours, il n'est pas
possible d'arrêter des conclusions définitives sur les
côtés financiers de la guerre russo-japonaise. Il faut
se borner à constater et à enregistrer les faits, en

réservant pour un examen critique ultérieur les jugements définitifs. Il sera donc donné d'abord une revue de l'état budgétaire des deux belligérants avant la déclaration de guerre, en insistant sur les éléments qui entrent en ligne de compte pour leur mobilisation financière. Nous déterminerons ensuite les mesures qui ont été prises jusqu'ici pour couvrir les dépenses de guerre, le contrecoup de la guerre sur la puissance des deux belligérants d'une part, sur le marché international de l'argent et des capitaux, que les deux belligérants ont dû déjà mettre à contribution.

Il y a des traits d'analogie entre la Russie et le Japon, dans le développement économique et financier de la seconde moitié du XIXᵉ siècle. Les deux empires ont traversé une évolution marquée par l'émancipation des paysans en Russie, par l'abolition du *Shogunat*, de la féodalité, par l'introduction de procédés en usage dans l'Europe occidentale au Japon ; l'un et l'autre ont réorganisé leur monnaie sur la base de l'étalon d'or, ce qui a donné à leur crédit public, aux relations du commerce, une base plus stable.

La superficie de la Russie d'Europe (y compris la Finlande, la Pologne) embrasse 5.740.000 kilomètres carrés, les provinces asiatiques avec le Caucase, 16 millions ; les îles du Japon (non compris Formose) 382.000 kilomètres carrés ; à la fin de 1897, la population de la Russie d'Europe a été estimée à 112 millions d'habitants, celle des possessions extraeuropéennes à 14 millions (1). Le Japon en 1900, avec une population 5 fois et demie plus dense, ne compte que 44 millions. Le commerce extérieur de la Russie en 1903 représente 4.175 millions de francs, celui du

(1) La population de la Finlande est de 2.527.000 en 1897.

Japon 1.587 millions. La différence des dimensions
éclate surtout dans les chiffres du budget : les recettes de la Russie en 1904 s'élèvent à 5.887 millions de
francs, celles du Japon à 650 millions de francs.

Les Finances russes

pendant les années qui ont précédé la guerre

Le budget de prévision de la Russie, d'après le
rapport du ministre des Finances à l'Empereur, qui
est publié chaque année, le 1ᵉʳ janvier, vieux style,
comprend :

Les recettes ordinaires estimées à 1.980,1 millions
de roubles, les dépenses ordinaires à 1.966,5 millions,
ce qui laisse un excédent de 13,6 millions de roubles.

Les recettes du budget extraordinaire sont estimées
à 198,6 millions de roubles, les dépenses à 212,2 millions ; il y a donc ici une insuffisance qui est couverte exactement par l'excédent du budget ordinaire.
Il faut relever que la plus grande partie des recettes
extraordinaires, notamment 195,8 millions, prove-
naient d'un prélèvement sur les ressources disponibles du Trésor (ces disponibilités sont formées du
produit des emprunts, des recettes extraordinaires et notamment des excédents des budgets ordinaires). Le maintien de ces disponibilités à un minimum
considérable a toujours constitué un principe impor-

tant de la politique financière de la Russie. Les disponibilités du Trésor sont calculées dans le rapport du ministre des Finances pour le 1er janvier 1904, à 312 millions R., elles pouvaient donc supporter aisément le prélèvement de 195,8 millions.

Ce qui frappe dans le budget russe, tout d'abord, c'est l'importance des chiffres : le budget se balance en recettes et dépenses par 2.178,7 millions R. = 4.706 millions de marks, tandis que les dépenses de la France sont, pour 1904, de 2.880 millions M., celles de l'Empire d'Allemagne de 2.002 millions. En faisant des comparaisons, il faut tenir compte non seulement de la grandeur de la population russe, mais encore que plus de la moitié des recettes russes proviennent des domaines, droits régaliens, exploitation des chemins de fer, monopole de l'alcool, qui jouent en France un rôle bien moindre ; si l'on calculait les dépenses des Etats particuliers de l'Allemagne, qui possèdent un revenu de source industrielle (domaines, mines, chemins de fer), on arriverait pour l'Allemagne, à 6.450 millions M. (1).

Voici comment se décompose le budget russe :

---

(1) Si l'on estime la population russe en 1904 à 130 millions d'habitants, le budget de 1904 représente par tête un fardeau de 45 francs environ, tandis qu'en France la charge est de 95 francs. Mais ces rapprochements ne tiennent pas compte d'éléments disparates.

<table>
<tr><td></td><td>Crédits de
l'exercice 1904
Roubles
—</td></tr>
<tr><td colspan="2">*Dépenses ordinaires :*</td></tr>
<tr><td>Dette publique.........................</td><td>289.299.183</td></tr>
<tr><td>Grands corps de l'Etat................</td><td>3.529.111</td></tr>
<tr><td>Saint-Synode et culte orthodoxe.........</td><td>29.331.890</td></tr>
<tr><td>Ministère de la maison de l'Empereur....</td><td>16.127.920</td></tr>
<tr><td>—   des Affaires étrangères........</td><td>6.417.790</td></tr>
<tr><td>—   de la Guerre..............</td><td>360.758.092</td></tr>
<tr><td>—   de la Marine..............</td><td>113.622.426</td></tr>
<tr><td>—   des Finances..............</td><td>372.122.649</td></tr>
<tr><td>—   de l'Agriculture et domaines....</td><td>49.829.102</td></tr>
<tr><td>—   de l'Intérieur..............</td><td>114.727.078</td></tr>
<tr><td>—   de l'Instruction publique.......</td><td>43.677.451</td></tr>
<tr><td>—   des voies et communications.....</td><td>473.274.611</td></tr>
<tr><td>Direction générale de la marine marchande
et ports.........................</td><td>16.547.466</td></tr>
<tr><td>Ministère de la Justice................</td><td>51.082.938</td></tr>
<tr><td>Contrôle de l'Empire..................</td><td>8.993.809</td></tr>
<tr><td>Direction générale des Haras...........</td><td>2.116.735</td></tr>
<tr><td></td><td>1.951.458.251</td></tr>
<tr><td>Prévision du renchérissement des vivres et
fourrages en 1904...................</td><td>3.000.000</td></tr>
<tr><td>Dépenses imprévues pouvant résulter de be-
soins extraordinaires................</td><td>12.000.000</td></tr>
<tr><td>Total des dépenses ordinaires........</td><td>1.966.458.251</td></tr>
<tr><td colspan="2">*Excédent des recettes ordinaires sur les dé-
penses de même nature.... 13.636.242*
Dépenses extraordinaires :</td></tr>
<tr><td>Construction du chemin de fer sibérien...</td><td>17.150.965</td></tr>
<tr><td>Mesures auxiliaires se rattachant au dit
chemin de fer.....................</td><td>4.412.114</td></tr>
<tr><td>Construction d'autres voies ferrées.......</td><td>125.635.725</td></tr>
<tr><td>Prêts de capitaux aux compagnies de che-
mins de fer pour travaux de construc-
tion ....</td><td>62.980.000</td></tr>
<tr><td>Indemnités aux particuliers et aux établis-
sements publics pour les dédommager de
la perte du privilège de propriétaires...</td><td>2.000.000</td></tr>
<tr><td>Total des dépenses extraordinaires......</td><td>212.178.804</td></tr>
<tr><td>Total général des dépenses............</td><td>2.178.637.055</td></tr>
</table>

I

Recettes ordinaires :

	Prévisions de 1904 Roubles
Impôts directs	135.138.477
— indirects	421.157.100
Droits et taxes	103.581.232
Droits régaliens	589.851.300
Domaine de l'Etat	560.953.841
Aliénation d'immeubles du Domaine	535.573
Annuités de rachat	86.164.300
Recouvrement de débours effectués par le Trésor	76.231.206
Recettes diverses	6.481.464
Total des recettes ordinaires	**1.980.094.493**

II

Recettes extraordinaires :

Dépôts perpétuels à la Banque de Russie	2.750.000
	1.982.844.493
A prélever sur les disponibilités du Trésor	195.792.562
Total général	**2.178.637.055**

Les ressources importantes que fournissent les chapitres des droits régaliens et du domaine de l'Etat proviennent, en première ligne, des chemins de fer d'Etat et du monopole de la vente des spiritueux, des postes, télégraphes et téléphones, de la monnaie, des terres et des usines domaniales et de la Banque de Russie. Les 86 millions de roubles que fournit le chapitre des annuités de rachat se composent des annuités payées par les ex-serfs domaniaux pour le rachat de l'impôt qu'ils étaient forcés de payer du temps du servage pour la jouissance des terres ainsi que des annuités, que paient les ex-serfs des particuliers, comme intérêts et amortissement des sommes payées par l'Etat, aux propriétaires au moment de l'abolition du servage. Les 76 millions des recouvrements de débours effectués par le Trésor représentent la rentrée des sommes prêtées par l'Etat aux compagnies de chemins de fer, aux institutions locales et aux Etats étrangers. Les ressources fournies par les impôts directs sont peu importantes ; la plus grande partie des rentrées du chapitre des impôts indirects est fournie par les droits de douane.

En ce qui concerne les dépenses, il faut indiquer avant tout, qu'on n'inscrit dans le budget extraordinaire, dont les recettes peuvent, le cas échéant, provenir des emprunts, que les dépenses pour les entreprises productives, tandis que les autres dépenses, y compris les dépenses pour la guerre et la marine, sont inscrites dans le budget ordinaire et d'après les prévisions, sont entièrement couvertes par les recettes ordinaires. Les dépenses pour l'armée et la marine sont très considérables. Elles se montent pour le chapitre de la guerre (évaluées en francs), à 974 millions de francs, contre 808 millions de francs dépensés dans le même but par l'Empire allemand, et pour la marine à 300 millions de francs contre 270 millions de francs en Allemagne. Les dépenses pour la défense nationale constituent environ un quart du total des dépenses ordinaires. Un autre quart est employé pour les entreprises de transport et de communication, qui nécessitent encore des dépenses du chef du paiement des garanties. Environ un sixième des dépenses est employé pour le paiement et l'amortissement de la dette publique. Au chapitre du ministère des Finances figurent, à côté des dépenses pour l'administration financière proprement dite, d'autres dépenses considérables, telles que les dépenses pour les pensions civiles, les dépenses occasionnées par le monopole de la vente des spiritueux et celles du chef du paiement de garantie aux sociétés de chemins de fer. Les dépenses pour l'instruction publique semblent insuffisantes.

La dette publique russe, dont le service absorbe une partie si importante des dépenses, se chiffrait au commencement de l'année 1904 par 6.636 millions de roubles = 17,7 milliards de francs. Elle est, par conséquent, à peu près égale à la dette de l'Empire allemand et celle des Etats particuliers réunis (environ 14 1/2 millions de marks = 18 1/6 millions de francs). Les différentes parties de la dette publique russe paient — conformément aux époques où elles ont été contractées — un taux d'intérêt différent. Environ la moitié de la dette (3.034 millions de roubles), est libellée en même temps en valuta russe et en valuta allemande, française, anglaise ou hollandaise, et les intérêts et le capital sont payables au choix du créditeur en valuta russe ou étrangère. Tandis qu'autrefois on émettait ordinairement des emprunts avec un plan d'avance arrêté d'amortissement, on a émis pendant la période plus récente un nombre considérable de « rentes perpétuelles ». En outre, l'Etat en rachetant les chemins de fer s'est substitué comme débiteur du chef des obligations émises par les sociétés rachetées ; de même, les lettres de gage des banques agraires de la noblesse et des paysans, qui sont des institutions d'Etat, représentent aussi une dette d'Etat russe.

Une partie importante de cette dette est placée à l'étranger, surtout en France ; ce dernier pays a repris les valeurs russes qui, dès l'année 1887, ont été écartées du marché allemand, et a depuis absorbé des quantités très grandes de titres russes provenant de nouveaux emprunts. A la cote officielle de la Bourse de Paris sont inscrites quatorze catégories des emprunts d'Etat russes et, en outre, dix catégories des obligations des chemins de fer. Les titres d'Etat russes placés en France sont évalués de 7 à 9 milliards de francs. En Allemagne, en Angleterre et aux Pays-Bas, se trouvent environ pour 3 milliards de francs de valeurs d'Etat russes. La somme que la Russie doit payer à ces pays comme intérêt et amortissement est évaluée à 450-500 millions de francs par an. C'est surtout pour le service des emprunts placés à l'étranger que le ministère des Finances russe possède toujours à Londres, à Paris et à Berlin, des sommes disponibles et dont le montant oscille bien entendu considérablement ; pendant les premiers mois de l'année courante, elles se chiffraient par environ 500 millions de francs.

A côté de la dette importante contractée par l'Etat russe à l'étranger, il faut mentionner qu'une grande partie de l'industrie russe nouvellement créée a été appelée à la vie par les capitaux étrangers et fonctionne, au moins en partie, au moyen de ces capitaux. Les actions et les obligations d'un nombre considérable d'entreprises, surtout dans le domaine des mines et de l'industrie métallurgique, ainsi que du transport, etc., etc., sont placées à l'étranger et notamment en France, en Allemagne, en Belgique, et les dividendes et les intérêts que la Russie paie de ce chef à l'étranger constituent, à côté du service de la dette publique, un nouvel élément à la charge du bilan international d'échanges de la Russie avec l'étranger (1).

(1) L'*Economist* de Londres dans une lettre de Paris

Pourtant un tableau succinct de l'état actuel du budget russe et de la dette russe n'est pas suffisant pour donner une idée de la puissance financière de la Russie. Pour compléter ce tableau, il faudrait y ajouter un tableau du développement des finances russes pendant les dernières années.

L'importance des problèmes que la Russie avait à résoudre depuis le milieu du xixe siècle, dans le domaine économique, militaire et politique, et, en particulier, l'abolition du servage, la construction d'un grand réseau ferré, les dépenses occasionnées par la guerre de Crimée et la guerre russo-turque — ont exigé des dépenses énormes, et les finances russes n'étaient pas encore, par des raisons différentes, assez mûres en ce moment pour satisfaire à ces besoins. D'abord, il a manqué dans la constitution économique de la Russie, aussi longtemps que les paysans en étaient encore au système de la production primitive, avec une quantité de numéraire réduite au minimum, les conditions nécessaires pour fournir les sommes très considérables dont l'État avait besoin ; et, ensuite, le mécanisme des finances russes devait être lui-même reconstruit conformément aux nouveaux besoins. Tant que ces conditions n'étaient pas réalisées, les budgets russes donnaient des déficits importants, et puisque les recettes ne suffisaient pas pour couvrir les dépenses, on recourait aux emprunts et aux émissions des roubles crédit, sujets à une très

(du 13 février 1904), évalue la totalité des titres russes (y compris les titres industriels) placés en France à 7 à 8 milliards de francs. Raphaël-Georges Lévy évalue dans un article de la *Revue des Deux-Mondes* (1er juillet 1904), la somme des valeurs d'État russes à de plus la moitié de la dette totale, soit à environ 9 milliards de francs. Ce sont des conjectures.

grande dépréciation. Au commencement des années 1880-1885, le ministre des Finances, Bunge, a entrepris une réforme décisive afin de consolider la dette publique, rétablir le crédit public et remplacer la monnaie de papier sujette à oscillations par un étalon d'or solidement établi. Cette réforme a commencé à porter des fruits déjà depuis l'année 1888. La réforme de Bunge qui, en partie, a été déjà préparée par l'introduction en 1875 d'un impôt foncier général, comprenait aussi la suppression de la capitation et de l'impôt sur le sel, qui pesaient lourdement sur les classes les plus pauvres et dont on ne pouvait pas escompter un accroissement des rentrées, ainsi que la diminution des annuités de rachat payées par les ex-serfs ; par contre, l'imposition indirecte des objets qui ne sont pas de première nécessité et avant tout de l'alcool, du tabac, du sucre, des huiles minérales et des allumettes, ainsi que les droits de douane ont été remaniés de manière à fournir un rendement plus élevé ; l'imposition des classes industrielles, du commerce et de la circulation n'a été que peu élevée, afin de ne pas gêner le développement de l'industrie et du commerce ; par contre, on se servait dans une large mesure pour les besoins des finances d'État, des énormes propriétés domaniales, des chemins de fer et d'autres entreprises d'État. On a aussi strictement appliqué le principe d'après lequel toutes les dépenses ordinaires devaient être couvertes par les recettes de même ordre, et même une partie des dépenses extraordinaires devait être couverte, au lieu de nouveaux emprunts, par des excédents des budgets ordinaires. Le budget extraordinaire a été sensiblement déchargé par la loi du 4 juin 1894, qui a transporté toutes les dépenses pour l'entretien des chemins de fer et le renouvellement du matériel roulant, pour les travaux de port, pour le renouvellement de l'armement, etc., au budget ordinaire. Les dépenses pour la construction de nouvelles lignes et pour l'achat de nouveau matériel roulant ont seules été laissées au budget extraordinaire.

Comme conséquence de cette politique financière, le déficit a réellement disparu des budgets russes, depuis l'année 1888, et a été peu à peu remplacé par des excédents notables des recettes sur les dépenses et cela bien que les problèmes qu'avait à résoudre l'Etat exigeaient un accroissement énorme des dépenses.

Elles se montaient en millions de roubles :

	Recettes ordinaires	Dépenses ordinaires	Déficit	Excédents
1883	700,4	723,6	23,2	
1887	820,4	842,0	21,6	
1888	873,6	837,0		36,6
1892	964,7	952,6		12,1
1897	1.416,7	1.229,0		187,7
1902	1.905,4	1.655,4		250,0
1903	2.032,5	1.722,9		309,6

Si dans les prévisions pour l'année 1904 les recettes sont inscrites pour 1.980,1 millions de roubles, et les dépenses pour 1.966,5 millions de roubles, ce qui ne donne qu'un excédent de 13,6 millions de roubles, il faut avoir en vue que les propositions des recettes et des dépenses sont élaborées ces dernières années, en Russie, avec une telle circonspection, que le résultat final accuse des plus-values considérables des recettes et des moins-values considérables des dépenses, comme cela résulte, par exemple, des données

suivantes, pour les années 1902 et 1903 (en millions
de roubles) :

| | RECETTES | | DÉPENSES | | SURPLUS | |
	Prévisions.	Budget exécuté.	Prévisions.	Budget exécuté.	Prévisions.	Budget exécuté.
1902	1.800,8	1.905,7	1.775,9	1.655,4	24,9	250,0
1903	1.897,0	2.032,5	1.880,4	1.722,9	16,6	309,6

Comme on le voit dans le tableau ci-dessus, les
dépenses ordinaires de l'Empire russe ont augmenté
dans la période de 1883 à 1903, de 2 fois et demie,
et les recettes ordinaires ont triplé pendant le même
temps. L'accroissement des dépenses, comme cela
résulte de la comparaison des principaux chapitres de dépenses pendant les années 1886 et 1904,
a été avant tout occasionné par le développement du
réseau ferré d'Etat et par les dépenses du monopole
de la vente des spiritueux (inscrites au budget du ministère des Finances) ; ensuite, par les dépenses pour
l'armée et la marine et, en partie, par l'augmentation
des dépenses pour l'administration générale. Par
contre, il est particulièrement remarquable que les dépenses du service de la dette publique n'ont augmenté
que très peu, circonstance que nous expliquerons en
détail plus loin.

Dépenses ordinaires de la Russie pendant l'année 1886, et d'après les prévisions pour l'année 1901 (1) (millions de roubles).

	en millions de roubles		Plus-value en 1904 comparativement en 1886	
	1886	1904	millions de r.	0/0
Service de la dette publique.	264,5	289,3	24,8	9
Guerre	212,7	360,8	148,1	70
Marine	44,6	113,6	69,0	155
Ministère des Finances......	116,4	372,1	255,7	219
Voies de communications....	25,7	473,3	447,6	1.742
Ministère de l'Intérieur.....	71,7	114,7	43,0	60
Justice	20,3	51,1	30,8	152
Agriculture	22,5	49,8	27,3	121
Instruction publique.........	21,2	43,7	22,5	106
Total...............	832,3	1.966,5	1.134,2	136

Le tableau suivant indique jusqu'à quel point correspondait à l'augmentation des dépenses, une augmentation des principales recettes (en millions de roubles) :

(1) Les données de l'année 1896 sont empruntées au *Marché financier en 1895-1896* (p. 281 et 283), de M. Raffalovich et les données de l'année 1904 au rapport du ministre des Finances pour 1904.

	1886	1904	Augmentation	
			en millions de roubles	en 0/0
Impôts personnel et foncier.	80,1	49,0	— 31,0	— 38
Impôts sur l'industrie et le commerce	28,0	67,5	39,5	141
Impôts sur le revenu des valeurs mobilières........	10,0	18,6	8,6	86
Total des impôts directs.	118,1	135,1	17,0	14
Boissons (y compris les recettes du monopole).....	237,0	553,2	316,2	133
Sucre, tabac, huiles minérales, allumettes.........	35,1	164,8	129,7	370
Droits de douane...........	102,7	228,5	125,8	122
Total des impôts indirects.	374,8	946,5	571,7	153
Enregistrement et timbre..	48,6	103,6	55,0	113
Domaines et forêts domaniales	24,3	83,5	59,4	244
Chemins de fer de l'Etat...	12,7	447,4	434,7	3.423
Postes, télégraphes et téléphones	25,5	60,0	36,5	143
Total général des recettes.	770,5	1.966,5	1.196,0	155

Les forts excédents que donnaient depuis 1888 les recettes des budgets ordinaires russes sur les dépenses ont permis à la Russie de supporter pendant les quinze dernières années les charges énormes d'une politique expansive en Asie ; ils ont en même temps, et conjointement avec d'autres circonstances, servi directement et indirectement à améliorer et à consolider la dette publique, ainsi qu'à remplacer la circulation de la monnaie de papier par un étalon d'or (1).

(1) Nous lisons à ce sujet dans le rapport du ministre des Finances russe à l'Empereur, sur les prévisions du budget de 1901 :

« Ce sont nos réserves disponibles, constituées en ma-

Tandis que les excédents étaient employés à couvrir les dépenses extraordinaires, ils ont permis de limiter le nombre de nouveaux emprunts et de former, en face de la dette publique existante, un avoir considérable. En même temps, la situation favorable des finances russes a permis de rétablir sur les marchés financiers de l'Europe occidentale le crédit public russe, fortement ébranlé, et a permis, par conséquent à la Russie, de profiter de la baisse considérable du taux d'intérêt survenue vers les années 1885-1895, pour diminuer les charges augmentées du chef de son endettement financier. En même temps est survenu le rapprochement politique avec la France, qui a offert aux finances russes les services des capitaux français dans une mesure inattendue.

L'influence de ces circonstances s'est manifestée dans l'amélioration notable des cours des valeurs d'Etat russes. Les emprunts russes 4 0/0 or oscillaient encore en 1880 autour d'un cours de 75 ; vers la fin de 1895 ils étaient à 97 7/8, et à partir de la fin de

jeure partie avec les excédents des budgets ordinaires, qui ont permis d'achever presque entièrement la grande voie ferrée transsibérienne. C'est grâce à elles que notre marine voit augmenter le nombre de ses vaisseaux de guerre et que nos troupes ont été dotées d'un nouvel armement ; c'est à elle que, pendant la dernière période décennale, nos campagnes doivent d'avoir été secourues à deux reprises lorsqu'elles étaient en proie à la disette. Ce sont ces mêmes épargnes qui ont fourni les moyens de rembourser à la Banque de Russie la dette non productive d'intérêts du Trésor et de réorganiser ainsi notre régime monétaire. C'est enfin, sur ces mêmes ressources qu'ont été imputées pendant l'année qui va venir les dépenses très importantes et absolument imprévues qu'ont nécessitées les événements de Chine. Faute de ces ressources, un emprunt était inévitable et vu l'état de faiblesse du marché financier, il est probable que les conditions en eussent été onéreuses ».

l'année 1897, ils ont atteint ou surpassé la parité ; en 1899, les emprunts russes 3 1/2 0/0 et 3 0/0 or ont même presque atteint le cours des emprunts du même taux de l'Empire allemand. A la fin du mois de juillet de l'année 1899, le cours de l'emprunt 3 1/2 0/0 de l'Empire allemand a été de 100,10 et l'emprunt 3 1/2 0/0 or russe de 99,80 ; l'emprunt 3 0/0 allemand de 90 et l'emprunt 3 0/0 russe de 89, 70 (1).

La Russie a profité de cette situation favorable pour diminuer les charges de sa dette publique au moyen d'une série de vastes conversions. Pendant les seules années 1889 à 1892 a été converti un capital nominal de 1.667 millions de roubles (crédit), principalement des emprunts d'or. Pendant l'année 1894 il a été converti pour une somme de plus d'un milliard de roubles des emprunts 5 0/0 libellés en roubles crédit contre de la rente perpétuelle 4 0/0 ; pendant les années suivantes on a continué ces conversions et il a été procédé à la conversion des obligations portant un intérêt élevé des chemins de fer rachetés et des institutions de crédit d'Etat. Comme suite de ces opérations, le taux moyen d'intérêt de la dette publique russe a diminué du commencement de 1887 au commencement de 1902 de 4,8 0/0 à 3,8 0/0. Il est vrai que les conversions ont un peu augmenté le capital nominal de la dette, étant donné que la Russie a dû se contenter pendant ces échanges d'un cours qui restait le plus souvent au-dessous du pair. D'autre part, les dépenses extraordinaires que depuis 1880 la Russie faisait pour le rachat des chemins de fer et la construction du réseau ferré n'ont pu être qu'en naires ; pour couvrir l'autre partie, on a contracté de

(1) Schulze-Gävernitz.

naires ; pour couvrir l'autre partie on a contracté de
nouveaux emprunts, de telle manière que le solde de
la dette russe a considérablement augmenté par comparaison à ce qu'il était en 1885-1890. La dette publique russe a été :

Millions de roubles

Au commencement de 1887	4.973
— 1892	5.389
— 1902	6.480
— 1904	6.636

Dans le total de la dette en 1887 et 1892 est, en outre, comprise la dette non productive d'intérêts du
chef de l'émission de billets de crédit, qui a été sup-
primée par la réforme de la circulation monétaire. La
dette productive d'intérêt a été, au commencement
de 1887, de 4.360 millions de roubles, et au commencement de 1892, de 4.752 millions de roubles. Par
conséquent, dans la période de 1887 à 1904, la dette
productive d'intérêts a augmenté de plus de 50 0/0
et la dette non productive d'intérêts d'environ 25 0/0.

Mais on s'aperçoit de la grande amélioration des
finances russes, surtout de ce fait, que les dépenses
nécessaires pour le service de la dette publique ont
augmenté moins vite que le capital nominal de la
dette et que, d'autre part, l'actif de l'État constituant
la contre-partie de la dette et les revenus que donne
cet actif ont augmenté beaucoup plus vite que la
dette.

Pendant les mêmes années les dépenses pour le
service de la dette publique ont été :

Millions de roubles

1887	280,9
1892	243,2
1902	286,5
1904	289,3

En comparant les années 1887 et 1904, il faut pourtant avoir en vue que le service de la dette en 1887 a demandé des dépenses exceptionnellement élevées, parce que le cours du rouble a été cette année, à cause surtout des événements politiques, très bas (1). Par conséquent, il a fallu dépenser plus de roubles crédit pour se procurer la même quantité d'or nécessaire pour le service des emprunts or russes. Les dépenses pour le service de la dette ont été seulement de 264,5 en 1886 et de 266,2 en 1888, et ont, par conséquent, été sensiblement au-dessous des dépenses de l'année 1887.

Ensuite, il est à considérer que la conversion des emprunts amortissables, d'après un plan déterminé d'avance en rentes perpétuelles, a considérablement diminué la partie des dépenses annuelles pour le service de la dette employée pour l'amortissement. C'est ainsi, par exemple, qu'en 1888, il a été dépensé 53 millions de roubles pour l'amortissement et 213,2 millions de roubles pour le paiement d'intérêts ; en 1904 on a employé pour l'amortissement 24,3 millions de roubles, et pour le paiement d'intérêts 264,5 millions de roubles. Par conséquent, les dépenses pour le paiement d'intérêts seuls ont augmenté d'environ 50 mil-

(1) Le cours moyen du rouble à Berlin a été en 1887 seulement de 181 1/2 contre 212 pendant les dix années précédentes, 189 1/2 en 1888, 214 1/2 en 1889 et 235 1/2 en 1890.

lions de roubles ou de 24 0/0, tandis que le capital de
la dette à intérêts a augmenté pendant la même période de temps de 50 0/0.

Autant sont évidentes les économies qu'ont créées
les conversions en ce qui concerne le paiement d'intérêts, autant il est difficile d'établir avec exactitude
le montant de l'avoir productif de l'Etat formant la
contre-partie de la dette publique et des recettes que
donne cet avoir. Etant donné la large participation
de l'Etat en Russie aux entreprises industrielles, de
crédit et de transport et étant donné l'importance des
biens domaniaux et des forêts domaniales, dont la
valeur et l'accroissement de la valeur ne pourraient
même être établis par aucune comptabilité, on doit se
contenter de comparer au développement de la dette
publique certaines parties seulement de cet avoir
et de ses revenus, qui se trouvent en corrélation directe avec la dette publique.

Une comparaison pareille se trouve dans le rapport
du ministre des Finances sur le budget de 1902, et cela
notamment pour la période de 10 ans, du 1ᵉʳ janvier
1892 au 1ᵉʳ janvier 1902. Elle est reproduite dans le
tableau ci-dessous (en millions de roubles) :

DETTE PUBLIQUE :

	au 1ᵉʳ janvier	
	1892	1902
Titres émis............................	4.731,6	6.479,8
Dette non productive d'intérêts (contractée du chef des émissions de billets de crédit)...................	636,9	—
Dettes à divers......................	20,7	17,5
Total.........................	5.389,2	6.497,3

	au 1er janvier	
	1892	1902
Chemins de fer......................	950,5	3.551,6
Capitaux dus à l'Etat par des Compagnies de chemins de fer........	984,5	563,2
Avance du titre de la garantie d'intérêts	118,5	—
Créances sans rapport avec les chemins de fer......................	309,4	500,0
	2.362,9	4.614,8

L'excédent de la dette publique (du passif) sur l'actif indiqué est, au 1er janvier 1892, de 3.026,3 millions de roubles ; au 1er janvier 1902, de 1.882,5 millions de roubles, soit une diminution de 1.143,8 millions de roubles.

Les explications qui accompagnent le tableau insistent sur ce que la première partie contient le total complet de la dette, tandis que la seconde partie ne donne pas de beaucoup la totalité de la fortune et des créances du Trésor. En dehors des propriétés de l'Etat qui ne rapportent rien, telles que les forteresses, les bâtiments et édifices, les navires de guerre, il y a un grand nombre de capitaux productifs qui ne sont pas cités, par exemple, les dépenses pour les ports (87 millions R. en dix ans), les fabriques de l'Etat, les hauts fourneaux, les redevances, immobilières, les forêts. La dette du rachat n'est pas comprise (paiements dus par les serfs émancipés), bien que les engagements de l'Etat de ce chef figurent dans la somme de la dette publique. A côté des chemins de fer et des créances sur les compagnies, les seules créances du Trésor qui figurent en 1892, sont celles sur les Etats étrangers (dettes provenant d'indemnités de guerre), et pour 1902, celles sur l'ex-Société du Crédit Foncier mutuel, dont l'Etat a pris les obligations à sa charge.

Ce calcul concorde avec le fait que l'excédent du budget ordinaire, qui a été surtout employé aux dépenses extraordinaires pour l'extension du réseau des chemins de fer, a dépassé le montant d'un milliard de roubles de 1892 à 1901.

Un calcul analogue pour une période de 15 ans (1887-1902), se trouve dans le *Bulletin Russe de Statistique financière*. Celui-ci ne fait pas entrer les créances sur des Etats étrangers, mais la dette des paysans et le capital de la Banque de l'Etat. Il établit l'actif de l'Etat en 1887 à 1.300 millions, en 1902 à 5.140 millions. Cela établirait le chiffre de la dette nette (excédent du passif sur l'actif), à 3.700 millions de roubles en 1887, 1.350 millions R. en 1902.

Dans ces calculs, le chiffre adopté comme valeur des chemins de fer de l'Etat représente toujours un facteur quelque peu problématique, bien qu'on ne puisse pas nier l'énorme accroissement de cette valeur, lorsqu'on considère qu'en 1887, la longueur du réseau de l'Etat était de 4.400 kilomètres, de 30.000 kilomètres en 1902. Le rapport sur le budget de 1902 donne les éléments de la relation entre les sommes exigées par le service de la dette et le produit net de la fortune de l'Etat en 1892 et 1902.

	1892	1900
	millions de r.	
Produit net des chemins de l'État et versements des compagnies privées....	55,4	139,0
Produit net des prêts.................	10,5	45,6
Total.....................	66,9	184,6
Service de la dette..................	243,2	275,3
A couvrir par d'autres ressources......	176,3	90,7

Même si l'on prend en considération que, durant cette période, le service des emprunts a subi un certain allégement par la diminution de l'amortissement, les chiffres donnent un témoignage éloquent de la consolidation extraordinaire des finances de la Russie.

La réforme monétaire russe a formé, en quelque sorte, le centre de toutes les mesures qui ont tendu à cette consolidation des finances publiques : l'objet de la réforme a été de remplacer une énorme quantité de papier-monnaie non remboursable (ayant cours forcé), par une monnaie d'or reposant sur des assises solides. La réforme monétaire a été considérée par les ministres des Finances russes, depuis M. Bunge, avec raison comme la condition préalable pour le rétablissement d'un ordre durable dans les finances, et pour un raffermissement permanent du crédit public de la Russie ; d'autre part, la réforme monétaire elle-même, le remplacement du papier-monnaie à cours forcé par la monnaie d'or, a été possible seulement grâce à une politique financière sévère, conduite d'après un programme déterminé, dont nous avons expliqué plus haut l'exécution.

Il n'est pas possible d'examiner ici, en détail, les

raisons purement économiques qui ont rendu nécessaire à la Russie de ramener son système monétaire à une base métallique, et, notamment, à la base métallique sur laquelle repose la monnaie des pays de l'Europe occidentale. Il suffit de relever que la Russie a eu besoin de la stabilité du change, que seule la monnaie d'or pouvait lui accorder, de cette stabilité du change sur les pays de l'Europe occidentale pour émanciper son commerce d'exportation, notamment la grande exportation de céréales, des perturbations que leur infligeaient les perpétuelles oscillations du rouble (1). La fixation du cours du rouble sur le terrain de l'étalon d'or était indispensable pour rendre utilisable, dans des proportions importantes, le capital des pays occidentaux plus avancés en vue de l'ouverture et de l'exploitation des grandes ressources naturelles de la Russie. Le capital, venant se placer dans les pays étrangers ne redoute rien autant que l'incertitude des conditions monétaires. Aussi longtemps que les capitalistes craignent de perdre au change des capitaux prêtés ou engagés dans des emprises étrangères, plus que le taux d'intérêt ou que le bénéfice entrevu, aussi longtemps ils n'entrent pas dans de semblables aventures ou ils exigent des con-

(1) Dans une étude publiée, il y a quelques années, M. Helfferich a démontré que dans les années 1885, 1895, toutes les fois qu'il y a eu une belle récolte en Russie, suivie d'une forte exportation, le rouble a haussé et de cette façon, les producteurs et les exportateurs russes pour le même prix, calculé dans la monnaie de leurs acheteurs étrangers, ont reçu moins en roubles. La valuta instable russe a rendu ainsi plus difficile de profiter, pour le principal article d'exportation russe, des avantages d'une grande récolte et des conjonctures du marché universel.

ditions infiniment plus dures. Effectivement, la fixation du cours du rouble a eu, pour conséquence, dans les années qui ont suivi la réforme monétaire, d'attirer un afflux énorme de capitaux étrangers en Russie, vers les entreprises industrielles et autres. Pour les finances de l'Etat, un point de vue analogue a été prédominant. L'Etat russe ne pouvait pas placer a l'étranger des emprunts libellés en rouble-papier, ou il ne pouvait le faire qu'à un taux d'intérêt qui couvrait, en partie, le risque du change pour le créancier étranger. C'est pour cela que la Russie a émis sur les places occidentales presque exclusivement, des emprunts or, et ici, c'était l'Etat qui avait à porter le risque du change. Pour le service de ces emprunts, l'Etat avait chaque année à tenir prêt un montant fixe en or, alors que les recettes de l'Etat se faisaient en papier-monnaie. Plus le cours du rouble était bas, plus il fallait consacrer de roubles au service des emprunts, et plus considérable était la partie des recettes absorbées par la dette. Etant donné l'importance de la dette étrangère de la Russie, une dépréciation de quelques centimes ou pfennigs se traduisait par un sacrifice de quelques millions. Même en temps de paix, les oscillations du change rendaient plus difficile un établissement exact des dépenses et compliquaient la gestion des finances publiques. Ces inconvénients du papier-monnaie se faisaient surtout cruellement sentir dans les moments d'inquiétudes politiques, notamment dans le cas d'une guerre, c'est-à-dire lorsque la surcharge budgétaire résultant d'une baisse du change est la plus redoutée et la plus dangereuse. La forte baisse du rouble en 1887, la dépréciation considérable durant la guerre turco-russe (1876-1878), avaient montré clairement les inconvénients du papier-monnaie au point de vue de la mobilisation financière : le maintien du service des anciens emprunts est rendu plus difficile, le crédit de l'Etat mis en question au moment où l'Etat se voit obligé de faire appel au marché des capitaux sur une plus grande échelle.

Mais le fait qu'il est plus difficile de contracter des emprunts au moment critique n'est pas le seul point faible dans la mobilisation financière, résultant du papier-monnaie. Il convient d'ajouter qu'une circulation métallique et la couverture en métal des billets éventuellement émis constituent une réserve extraordinairement importante en cas de guerre. Sur la base de cette réserve de métal, tout d'abord l'émission d'instruments de paiement en papier peut se faire au profit de l'Etat, à condition d'être maintenue dans des limites déterminées, sans porter préjudice à la *valuta*, tandis que là où existe le papier-monnaie, toute nouvelle émission est susceptible d'accentuer la dépréciation.

Enfin, dans les pays à étalon d'or, on peut mettre à contribution la réserve métallique lorsque tous les autres moyens de se procurer des ressources ont échoué. Même lorsque de cette façon la monnaie de métal est sacrifiée aux besoins de la guerre, elle assure cependant au pays qui la possède au moment de la déclaration de la guerre une supériorité très précieuse sur un pays à papier-monnaie. Certainement ces considérations qui ont leur importance pour le cas d'une guerre ont été au nombre de celles qui ont fait adopter l'étalon d'or en Russie : elles ont certainement engagé les hommes à la tête des finances russes à donner au nouvel étalon d'or des bases particulièrement solides. M. de Schulze Gävernitz, a donc

raison de considérer la réforme monétaire comme le
côté politico-financier de la politique mondiale de la
Russie.

Nous n'aborderons pas ici les détails de l'exécution
technique de la réforme monétaire. Le problème de
la réforme a consisté dans le remboursement à la
Banque par l'Etat, de l'énorme emprunt sans intérêt, qu'il avait contracté sous forme d'émission de billets de crédit ; ce remboursement a mis la Banque en
mesure de reprendre et de maintenir l'échange des
billets émis par elle contre de l'or. La dette sans intérêt de l'Etat à la Banque a comporté parfois jusqu'à
plus d'un milliard de roubles ; depuis 1882, jusqu'en
1900, elle a été graduellement remboursée, en partie
en billets de crédit, dont la rentrée diminua l'émission de la Banque, en partie en or, qui, d'une part, a
renforcé le fonds d'échange de la Banque, et qui, de
l'autre, a remplacé les billets de crédit dans la circulation. A côté de cela, l'Etat s'est constitué un crédit
considérable en compte courant à la Banque, en ver-
sant à celle-ci de l'or.

Les transformations qui ont été amenées de la
sorte dans le régime monétaire russe ressortent du
tableau que voici :

		Billets de crédit émis	Encaisse or de la Banque et du Trésor	Or en circulation
		—	—	—
			millions de roubles	
	1881	1.133,5	170	
	1887	1.046	211,5	
Automne	1892	1.100	905,5	
Janvier	1898	905,5	1.328,3	149,3
Fin	1900	552,3	807,8	684,5
Fin	1903	584,0	1.058,0	787,1

Pendant que cette transformation du régime mo-

nétaire russe était en train, le ministre des Finances
Witte a maintenu, dans des limites étroites, les fluctuations du rouble, en employant les sommes considérables en or, qu'il avait à sa disposition à l'étranger.

Il fut créé un nouveau rouble or, qui, sur les bases
de son contenu de métal, répondait à 2 M. 16,
(2 fr. 667), un cours qui est à peu près la moyenne
des années 1876-1895. La monnaie d'argent dont le
pouvoir libératoire a été limité à 25 roubles est devenue une monnaie d'appoint. On a imposé à la Banque de Russie l'obligation d'échanger les billets de
crédit émis sur la demande des porteurs contre leur
valeur nominale en or. C'est sur ces bases que l'étalon d'or a été définitivement introduit dans la législation russe par l'ukase du 7/19 juin 1899.

En connexion avec la réforme monétaire, la Banque
de Russie a obtenu un autre statut par lequel son droit
à émettre des billets de crédit a été limité dans l'intérêt de la conservation de l'étalon d'or. Tant que le
montant des billets de crédit ne dépasse pas 600 millions de roubles, la couverture en or ne doit pas être
moindre de la moitié du montant des billets émis ;
au-dessus de 600 millions les billets de crédit émis
doivent être couverts en or rouble par rouble. Cette
prescription est d'une grande importance si on veut se
rendre compte de l'appui financier que la Banque de
Russie peut donner à l'Etat pour les besoins de la
guerre. Etant donné les paiements que la Russie doit
faire à l'étranger ainsi que pour pouvoir agir le cas
échéant sur le change, la Banque de Russie tient une
partie de la couverture d'or en traites d'or sur l'étranger dans son portefeuille, ainsi qu'en or chez les banquiers étrangers. Les données ci-dessous indi-

quent dans quelle mesure le stock d'or de la Banque de Russie, ses traites sur l'étranger et l'or qu'elle détient chez les banquiers à l'étranger assurent l'échange des billets de crédit contre espèces et par conséquent la conservation de l'étalon d'or et, d'autre part, quelles sont les dernières réserves d'or pour les besoins de la guerre que représente le stock d'or de la Banque :

En 1903, la circulation des billets de crédit émis par la Banque de Russie a été en moyenne de 580 millions de roubles. Le stock métallique de la Banque se chiffrait par 803.5 millions de roubles, dont 724.3 millions de roubles en or et 79.2 millions de roubles en monnaie d'argent ; il faut y ajouter 79.4 millions de roubles des traites d'or sur l'étranger et des sommes déposées chez les banquiers à l'étranger. Cela représente une couverture métallique de 882.9 millions de roubles qui dépasse les billets émis en circulation de 52.2 0/0. L'importance absolue du stock d'or de la Banque de Russie (y compris les traites et l'or à l'étranger) en 1903 (803.7 millions de roubles = 1.736.1 mill. de marks = 2.168 mill. de francs) n'a été dépassé que par le stock d'or de la Banque de France qui était de plus de 2 milliards et demi de francs; il a cependant été de plus du double de celui de la Banque d'Angleterre (703 mill. de marks) et de la Banque d'Allemagne (environ 650 mill. de marks). Il est vrai que les engagements à échéance quotidienne de la Banque de Russie qu'on peut opposer en dehors des billets de crédit au stock d'or sont très élevés. Les engagements à échéance quotidienne envers les institutions publiques seules se montent à 519.3 millions de roubles et la totalité des engagements à échéance quotidienne à 633.3 millions de roubles. Malgré cela la couverture des billets de crédit et des obligations à échéance quotidienne a été de 72,8 0/0, c'est-à-dire dans les mêmes proportions qu'à la Banque de France, tandis qu'elle était à la Banque d'Allemagne de 52.3 0/0 et à la Banque d'Angleterre seulement de 43.55 0/0 (1).

Nulle part les résultats de la politique financière de la Russie des vingt dernières années ne ressortent avec tant de netteté que dans les bases larges et solides de la circulation monétaire avec laquelle la Russie a commencé la guerre.

En fait la situation financière d'un pays ne peut être sérieusement jugée qu'en connexion avec sa situation économique. C'est en particulier en ce qui concerne la Russie qu'on a souvent exprimé l'opinion que ses hommes d'Etat, par leur science des finances, sont arrivés à donner dans les rapports sur les prévisions et l'exécution des budgets des tableaux trompeurs qui sont en contradiction complète avec la situation économieuq de l'Empire russe. En revanche le ministre des Finances de Witte a toujours souligné la relation qui existe entre la situation économique du pays et ses finances. Déjà dans le rapport sur le budget de 1896 il a dit que l'art des finances n'est pas de la magie et que personne n'a encore découvert le secret de tirer d'un pays en décadence économique une prospérité financière d'une certaine durée. Le fait

(1) Le 1-14 septembre 1904, la Banque de Russie et le Trésor possédaient ensemble, tant en or effectif qu'en disponibilité à l'étranger, de quoi rembourser tous les billets créés par la Banque et tous les comptes créditeurs du public. Après plus de sept mois de guerre, la Banque de Russie a dans ses caisses autant d'or en monnaies et lingots qu'en possèdent à elles trois la Banque d'Angleterre, la Reichsbank et la Banque d'Italie. (Bulletin russe de Statistique financière 1904.) (Note du traducteur.)

est pourtant que la politique de la consolidation des
finances d'État, accompagnée d'un accroissement considérable des recettes et des grands excédents budgétaires, a été conduite pendant les vingt dernières années, malgré les circonstances malheureuses qui ont
éprouvé la situation économique du pays et avant tout
malgré une série de mauvaises récoltes et depuis l'année 1899 une crise industrielle aigüe. Sans doute, l'accroissement des recettes et les budgets en excédent
ont demandé au pays de lourds sacrifices, qu'il a du-
rement sentis aux époques défavorables au point de
vue économique. Mais ces sacrifices ont été faits dans
l'intérêt de l'avenir même du développement économique du pays : la consolidation de la dette publique
— abstraction faite du dégrèvement d'impôts qui en
est résulté — a en connexion avec la réforme monétaire, facilité d'une manière extraordinaire l'afflux
des capitaux des pays d'Occident dont le pays avait
besoin pour son développement économique; la construction d'un réseau ferré présentait pour la situation
économique du pays, et notamment pour l'exportation
des céréales et pour la répartition des courants de
leur transport à l'intérieur de l'énorme Empire même,
une importance qui ne doit pas être négligée. La protection et l'encouragement donnés à la production industrielle ont aidé à créer les bases d'une industrie
nationale. Si, pour le présent, le fardeau de cette politique a été plus visible que ses fruits, n'apparaissant
que peu à peu, il faut pourtant dire que ce fardeau
n'a pas été assez grand pendant les dernières décades
pour qu'il puisse arrêter le progrès incontestable du
développement économique du pays (1).

(1) *Le Bulletin Russe de Statistique financière* a indiqué que le système des réserves latentes constitue le trait

Le rapport du ministre des Finances à l'Empereur sur le budget de 1900 donne les indications suivantes sur le développement des forces productives de certaines branches importantes de production pendant les années 1877 à 1897 :

	Production en millions de roubles			
	1877	1887	1892	1897
Transformation :				
De matières textiles........	297,7	464,2	581,6	946,3
De produits alimentaires..	17,0	37,9	47,9	95,7
De matières animales.....	67,7	79,6	72,6	132,6
De bois	16,8	25,7	33,3	102,9
Industrie du papier..........	12,6	21,0	25,5	45,5
— chimique.........	10,5	21,5	35,3	59,6
— céramique.......	20,4	29,0	33,3	82,6
Métall. et objets en métaux	89,3	112,6	162,3	310.6
Autres industries non dénommées dans les rubriques précédentes (1)......	8,6	10,4	19,5	41,0
Total.................	541 »	802 »	1.010 »	1.816 »

caractéristique du budget russe. Il a fait remarquer que de 1891 à 1903, on a construit et équipé sur les ressources du budget ordinaire, quinze mille kilomètres de voies ferrées. Il n'est pas indifférent pour l'avenir des finances publiques que des lignes comme le Transsibérien aient été construites sur les épargnes annuelles du Trésor au lieu de l'avoir été sur le produit de titres émis par l'Etat ou avec sa garantie. Il n'est pas indifférent non plus que l'Etat Russe, pour améliorer son réseau, ait acheté des quantités considérables de matériel moteur et roulant, posé des doubles voies, agrandi les gares, sans recourir à d'autres ressources que celle du budget ordinaire. Pour la réforme du régime des boissons et l'organisation du monopole de 1894 à 1903, l'Etat a dépensé 133 millions en travaux et matériel de premier établissement, qu'il a imputés intégralement sur le budget ordinaire. (Note du traducteur.)

(1) Non compris les mines, la meunerie et la fabrication des produits frappés d'accise.

Par conséquent l'accroissement moyen annuel de production a été pour ces branches d'industrie :

	Millions de roubles
1878 à 1887	26,1
1888 à 1892....................	41,6
1893 à 1897........	161,2

Le même rapport donne les renseignements suivants sur le développement de l'industrie minière et métallurgique :

	Production en millions de pouds				
	1877	1887	1892	1897	1898
Houille	110	277	424	684	746
Naphte	13	167	299	478	507
Fonte	23	36	64	113	134 (1)
Fer	16	22	29	30	30
Acier	3	14	31	74	70

Le développement rapide de l'industrie russe pendant les années 1890-1900 se trouve en connexion étroite avec l'afflux des capitaux étrangers provoqué par la consolidation des finances et la politique monétaire. Le rapport sur le budget de 1902 donne les renseignements suivants sur la consommation de différents produits qui démontrent que le développement favorable de l'industrie a eu une influence heureuse sur l'amélioration des conditions économiques de la vie de la population entière :

(1) La production de la fonte s'est élevée en 1899 à 164 et en 1900 à 176 millions de pouds, mais les annéés suivantes elle a un peu diminué, par suite de la crise industrielle.

	Consommation par tête en livres russes	
	1893	1900
Thé	0,73	0,94
Sucre	8,28	11,20
Cotonnades	3,52	4,32
Naphte	10,6	13,4
Fer et acier...................	25,2	39,6

Il est vrai qu'à la suite du rapide développement de l'année 1890, ensemble avec le revirement dans les pays occidentaux et une tournure adverse du marché des capitaux, il y a eu une crise violente qui a été rendue plus intense pour la Russie par de mauvaises récoltes successives et une diminution de la force d'achat de la population. Mais ce sont là des phénomènes transitoires et passagers comme on rencontre dans tous les pays et que l'on ne peut prendre comme criteriums de la situation d'un pays.

Enfin pour juger les fondements économiques des finances russes, il faut ajouter quelques dates encore sur le commerce extérieur de l'Empire.

	Importation	Exportation	Excédent de l'exportation
		millions de roubles	
1885	435,3	538,6	103,2
1895	489,4	691	201,6
1901	533	730	197
1902	527	825	298
1903	601	949	348

Comme il ressort de ces chiffres, le commerce russe donne un excédent considérable des exportations. Cet excédent varie d'année en année, il dépend de la récolte, des prix des céréales, de la quantité de capitaux importés de l'Occident. En grande moyenne, l'excédent des exportations semble plus que suffisant pour couvrir les paiements annuels que l'Etat russe et l'économie nationale russe doivent effectuer à l'étranger. De là aussi on peut tirer la conclusion que la Russie possède la force économique nécessaire au maintien d'une condition normale et de l'ordre dans ses finances et dans sa monnaie (1).

Les finances publiques du Japon jusqu'à la guerre.

Passons au Japon. Ici aussi nous commencerons en examinant le dernier projet de budget. Les prévisions de 1903-1904 s'élèvent pour les recettes ordinaires à

(1) Quand les Japonais jugèrent à propos de commencer les hostilités, la situation économique et financière de la Russie était plus forte qu'elle ne l'avait jamais été. Il circulait dans le pays plus d'or que de papier et la Banque de Russie avait en caisse de quoi rembourser en or la totalité de ses billets, de ses dépôts et de ses comptes courants (celui du Trésor excepté). Deux bonnes récoltes consécutives avaient déterminé, pour les deux années 1902 et 1903, un excédent global d'exportations de 640 millions de roubles; aux sorties d'or de la période 1900-1901 avaient succédé de notables excédents d'entrées; le réseau de l'Etat et le monopole des spiritueux venaient de donner, en 1903, d'importantes plus-values; l'avoir des déposants dans les caisses d'épargne avait progressé plus qu'en aucune autre année; les disponibilités du Trésor atteignaient le chiffre le plus élevé qui eût été constaté depuis huit ans; les fonds russes 4 0/0 se maintenaient au pair en dépit des campagnes les plus savantes et des efforts désespérés des baissiers. (*Bulletin Russe de Statistique.*)

231.8 millions de yens (484.5 millions de marks) pour les dépenses ordinaires à 178.5 millions de yens (373 millions de marks). L'excédent du budget ordinaire serait donc de 53.3 mill.de yens (111.5 mill.de marks). Les recettes extraordinaires sont estimées à 19.9 millions de yens (41.6 millions de marks) les dépenses à 66.3 millions de yens (138.6 millions de marks). Les dépenses extraordinaires dépassent donc les recettes extraordinaires de 46.4 millions de yens (97 millions de marks). Les recettes globales s'élèvent à 251.7 millions (526.1 millions de marks), les dépenses à 244.8 millions de yens (511.6 millions), l'excédent est estimé à 6.9 millions de yens (14.5 millions de marks).

Tandis que l'on est frappé de la grandeur des chiffres russes, on est étonné de l'exiguité de ceux du budget japonais. La population japonaise pour 1900 est indiquée comme étant de 44.8 millions d'âmes, les trois quarts de celle de l'Empire d'Allemagne, un sixième de plus que celle de la France, un tiers de celle de la Russie. Par contre les recettes de l'Etat japonais sont un quart des recettes de l'Empire d'Allemagne, un cinquième de celles de la France, un neuvième de celles de la Russie. Elles constituent par tête d'habitant au Japon une charge de 12 M. (15 fr.) par tête.

Les recettes et les dépenses du budget de 1903-1904 se répartissent comme suit :

BUDGET ORDINAIRE

A. — Recettes.

	Millions de yens
Impôts directs et indirects	158,5
Timbre	13,5
Revenus du domaine industriel de l'Etat	52,7
Revenus du placement des fonds de l'Etat et de différents fonds spéciaux	7,1
Total	231,8

B. — Dépenses.

	Millions de yens
Liste civile	3,0
Ministère des Affaires étrangères	2,3
— de l'Intérieur	10,6
— des Finances : dette publique	42,4
— des Finances : autres dépenses	19,5
— de la Guerre	38,5
— de la Marine	22,1
— de la Justice	10,6
— de l'Instruction publique	5,0
— de l'Agriculture et du Commerce	2,9
— des Voies de communication	21,6
Total	178,5

4

BUDGET EXTRAORDINAIRE

A. — Recettes.

	Millions de yens
Emprunts	7,4
Fonds formé par la contribution chinoise	3,6
Subventions des administrations locales pour travaux publics	1,1
Recettes provenant de la vente des domaines	0,9
Fonds spécial de l'administration forestière	2,1
Recettes diverses	4,8
Total	19,9

B. — Dépenses:

	Millions de yens
Ministère des Affaires étrangères	0,1
— de l'Intérieur	16,7
— des Finances	5,1
— de la Guerre	3,7
— de la Marine	7,1
— de la Justice	0,5
— de l'Instruction Publique	1,7
— de l'Agriculture et du Commerce	7,5
— des Voies de communication	23,9
Total	66,3

Différemment avec le budget russe, dans le budget extraordinaire japonais on fait entrer toute une série de dépenses qui ont d'autres destinations que des objets productifs. D'autre part, d'après le projet de budget pour 1903-1904, l'ensemble des dépenses ordinaires et extraordinaires serait couvert par les recettes sans opération de crédit et sans mise à contribution de disponibilités quelconques ; les 7.4 millions d'emprunt, inscrit parmi les recettes du budget extraordinaire, dépassent seulement de 500.000 yens l'excédent du budget total.

Les différents chapitres des recettes ordinaires réclament quelques explications pour donner une idée claire des charges imposées à la population et à l'économie nationale du Japon, c'est notamment le cas pour les impôts qui représentent environ le tiers des recettes totales.

Les impôts directs sont :

1° L'impôt foncier qui frappe la propriété rurale avec 3.3 0/0 de la valeur, la propriété urbaine avec 5 0/0 de la valeur ; il est estimé devoir produire 47 millions de yens en 1903-1904 ;

2° Un impôt sur le commerce et l'industrie (patentes) qui est gradué suivant la diversité des industries, l'importance du capital ou des transactions, la valeur locative des ateliers, magasins, le nombre des ouvriers ; il figure pour 6.8 millions de yens en 1903-1904 ;

3° Un impôt sur le revenu qui frappe les revenus supérieurs à 300 yens de 1 0/0, et monte à 5 1/2 0/0 pour les revenus au-dessus de 100.000 yens et qui frappe les revenus des personnes non physiques (compagnies, etc.) de 2 1/2 0/0 ; il rapporte 7.4 millions (1).

---

(1) Sous le titre de « Curieuse Comparaison », le *Journal des Débats* a fait l'observation que voici : l'impôt sur le revenu au Japon, fixé au taux moyen de 4 0/0, rapporte 15 millions de francs. En Angleterre, l'income-tax,

Le produit total des impôts directs est estimé pour 1903-1904 à 61.2 millions de yens.

Parmi les impôts indirects, le droit de consommation sur l'eau-de-vie de riz (saké) occupe la première place. Il est évalué à 66.5 millions, soit un quart des recettes totales. Cet impôt sur l'alcool joue au Japon un rôle analogue à celui du monopole en Russie. Le droit de consommation sur le sucre donne 7.2 millions, sur le Chòyu (sauce japonaise faite avec du sel marin et des légumes) 3.4 millions, les impôts sur les billets de banque, sur les affaires de bourse, les mines, le tonnage, ensemble 3.6 millions. Les droits de douane fournissent 16.6 millions. Ensemble le produit des impôts indirects monte à 97.3 millions de yens. Parmi les recettes d'ordre industriel, les postes et télégraphes donnent 25.9 millions, le monopole du tabac 12.6 millions, les chemins de fer 8.8 millions. Il faut ajouter le produit des forêts, d'une série de fabriques gouvernementales.

Parmi les dépenses, la plus forte est pour le service de la dette publique, elle prend un sixième du budget global, un quart du budget ordinaire. Les dépenses pour la guerre et la marine (budget ordinaire et extraordinaire 71.5 millions de yens) semblent minimes en comparaison de ce que dépensent les grandes puissances européennes, le Russe consacre sept fois plus à l'armée et à la marine ; mais dans le cadre du budget japonais, ces dépenses qui absorbent un tiers

au même taux, rapporte environ 600 millions. La richesse du Japon peut donc être exactement évaluée au quarantième de la richesse de l'Angleterre. Par suite, la dette du Japon qui, il y a quelques mois, dépassait 2 milliards, équivaut à ce que serait pour l'Angleterre une dette de 80 milliards de francs. (*Le Traducteur*.)

du budget semblent exorbitantes. D'ailleurs sur ce point les deux dernières années semblent encore relativement favorables : de 1896-1897 à 1901-1902, les dépenses de la guerre et de la marine ont oscillé entre les deux cinquièmes et la moitié du budget total.

La dette du Japon, au début de 1903-1904, s'élevait à 559.6 millions de yens (1.170 millions de marks, 1.460 millions de francs). Il faut y ajouter une avance variable de la Banque du Japon à l'Etat. Des divers emprunts émis jusqu'à la guerre, un seul était libellé en monnaie étrangère, notamment le 4 0/0 (montant à 10 millions £ ou environ 100 millions de yens) émis à Londres en 1899. En outre il a été placé à Londres quelques emprunts 5 0/0 en yens, dont le montant est indiqué entre 95 et 150 mill. de yens. Ainsi de toute la dette japonaise au moment de la guerre, environ 200 ou 250 mill. étaient dans les mains étrangères, tandis que le reste, 300 millions de yens, se trouvait au Japon (1).

Plus encore que pour la Russie, il faut compléter le tableau actuel des finances du Japon par une comparaison portant sur les dix dernières années (2).

Lorsqu'après la suppression du régime du shogu-

(1) L'*Economiste européen* du 14 mai 1904 parle de 250 millions, l'*Economist* du 7 mai 1904 de 19,5 millions £, soit 195 millions de yens. — Les dettes des communes, etc., sont de 61 millions.

(2) Voir à côté de l'*Annuaire financier et économique du Japon*, publié par le ministère des Finances : *Rathgen*: Japans Volkswirthschaft, und Staatshanshalt 1891, — die Entstehung des modernen Japan 1895, — puis *Edmond Théry*, La situation économique et financière du Japon (articles parus dans l'*Economiste européen* du 15 janvier au 26 février 1904). Le traducteur recommande encore une brochure de *Nipphold*, Wolkswirtschaftliche Entwicklung Japans (1904).

nat et de la féodalité, après l'admission des étrangers,
le Japon procéda à la réorganisation de l'Etat et de
la vie économique, il lui fallut se créer des finances.
Le déblaiement du passé exigea d'énormes dépenses;
les dettes des anciens seigneurs (daimyos) durent être
assumées en même temps que l'administration, par
le nouveau gouvernement ; l'abolition du servage des
paysans, la cession en toute propriété des terres cul-
tivées par eux, rendirent indispensable le rachat des
redevances en nature qu'ils fournissaient à leurs seigneurs ; de même, il fallut racheter les rentes hérédi-
taires des membres de la caste militaire (les samurais).
La création des fonctionnaires à l'européenne, d'une
armée fondée sur le service obligatoire universel, la
première dotation de l'armée et de l'économie nationale avec l'outillage coûteux de la technique européenne exigeaient une mise de fonds considérables.
La révolte du clan Satsuma en 1877, augmenta encore les besoins d'argent du nouvel Empire.

Afin de faire face à ces besoins immenses, on rem-
plaça les redevances en nature payées aux seigneurs
féodaux, par l'impôt foncier au profit de l'Etat, qui
fut d'abord de 3 0/0 pour cinq ans sur la propriété
rurale, à 5 0/0 sur la propriété urbaine (1). Un semblable impôt pouvait suffire aux besoins courants,
non pas à des grands besoins extraordinaires. Afin de
faire face à ceux-ci, on eut recours soit à des emprunts, soit à l'émission de papier-monnaie. Le rachat des rentes féodales fut opéré à l'aide d'emprunt.
Le total des dettes contractées dans ce but par le gouvernement japonais (1870 à 1879), s'est élevé à 225

(1) La valeur de la terre a augmenté depuis que l'esti-
mation première a été faite, si bien que la charge fiscale
est moindre en réalité.

millions de yens ; le taux d'intérêt a varié entre 4
et 10 0/0. Il faut y ajouter de plus petits emprunts
pour des travaux publics et pour la répression de la
révolte de Satsuma. En 1879, la dette s'élevait à 250
millions (1).

Le gouvernement s'était vu obligé de se charger du
papier-monnaie émis par les daimyos. Pendant l'in-
surrection de Satsuma, sous la pression des circonstances, l'émission en fut considérablement augmentée. En outre, les banques nationales dotées du privilège d'émission (le nouveau Japon avait, en 1872, co-
pié le système des banques nationales des Etats-Unis)
avaient exagéré leur circulation fiduciaire. Voici les
chiffres maxima qui ont été atteints en janvier
1880 (2) :

	Millions de yens
Papier-monnaie de l'Etat.......................	113,8
Emission temporaire de la réserve de papier-monnaie	22,2
Billets des banques nationales...................	34,1
	170,1

Cette émission énorme pour le Japon, eut pour
conséquence une forte dépréciation de la valuta japonaise. Le point le plus bas fut atteint en avril 1881,
lorsque le yen d'argent valut 1,815 en papier.

Somme toute, vers 1880, la situation financière du

____

(1) Le premier emprunt du Japon moderne a été de
4.800.000 yens 7 0/0, émis à Londres, et dont le produit a
servi à construire le premier chemin de fer japonais Yoko-
hama-Tokio.

(2) Voir *Report on the Adoption of the Gold Standard*
in Japan, 1899.

Japon — toute proportion gardée quant aux chiffres, présentait quelque analogie avec celle de la Russie au sortir de la guerre contre les Turcs : dans les deux cas, un accroissement démesuré de la dette, de l'émission du papier-monnaie,un ébranlement du crédit public et de la valuta.

Tout comme en Russie, commença alors pour le Japon, une période de reconstitution financière ; les recettes de l'Etat furent augmentées par le doublement de l'impôt sur l'alcool ; les dépenses de l'Etat furent allégées par le transfert d'attributions aux autorités locales dont lepouvoir fiscal fut augmenté ; le gouvernement vendit une partie des entreprises industrielles, fondées en vue du développement de l'industrie, et restreignit les avances à des entreprises privées ; l'esprit d'économie fut imposé à toutes les branches de l'administration. Les excédents du budget, ainsi obtenus, furent employés par moitié, à retirer du papier-monnaie, par moitié à renforcer le fonds d'échange gouvernemental. Vers la fin de 1885, ces mesures avaient déjà suffisamment amélioré la situation pour que l'agio du yen d'argent eût disparu et que le gouvernement pût reprendre les paiements en argent le 1ᵉʳ janvier 1886. En même temps qu'on réglait la circulation du papier-monnaie, on ordonnait à nouveau l'émission des billets de banque. On imposa aux banques nationales le retrait graduel de leurs billets, on créa sur le modèle européen, une banque centrale, la Banque du Japon (Nippon Ginko), qui devait seule posséder le droit d'émettre des billets, et qui avait pour mission de régler la circulation monétaire. La dette proprement dite, malgré la progression des dépenses pour les voies de communication, pour l'armée et la flotte, avait plutôt diminué :

en 1879, elle était de 250 millions, en 1889 de 241 millions. Comme la circulation du papier-monnaie était descendue de 130,3 à 40,9 millions de yens, les dettes de l'Etat japonais ont alors diminué de 100 millions de yens.

La consolidation des finances japonaises, à la fin de l'année 1880, était suffisante pour que le Japon pût songer à alléger ses charges budgétaires par la conversion de ses anciens emprunts. A partir de 1888, les emprunts intérieurs au taux de 6 0/0 et davantage, 175 millions sur 244 millions furent remplacés par une rente 5 0/0 consolidée ; l'opération fut terminée en 1893. En partie par ces conversions, qui augmentèrent un peu le capital nominal de la dette publique, en partie par un emprunt pour la marine, en partie par un prêt sans intérêt que le Banque du Japon consentit à l'Etat pour retirer du papier-monnaie, le montant de la dette proprement dite, s'est élevé jusqu'en 1891 à 275,2 millions de yens ; le jeu de l'amortissement la diminua un peu dans les années suivantes.

Cette période d'ordre dans les finances, de développement progressif général, est close par la guerre avec la Chine. Les recettes, dépenses et dettes avaient suivi la marche que voici :

	1881-1882	1893-1894	
	millions de yens		
Recettes ordinaires...........	64,3	85,9	+ 21,6
Dépenses	60,4	64,5	+ 4,1
Excédent...........	+ 3,9	+ 21,4	+ 17,5
Recettes extraordinaires....	7,2	27,9	+ 20,7
Dépenses —	11,0	20,0	+ 9,0
Excédent..........	— 3,8	+ 7,9	+ 11,7
Excédent du budget total.	+ 0,1	+ 29,3	+ 29,2
Dette publique..............	244,3	266,8	+ 22,5
Papier-monnaie	118,9	16,4	—102,5
Dette totale.........	363,2	283,2	— 80,0

Ces chiffres montrent une progression dans les recettes et les dépenses : l'augmentation dans les recettes s'explique par la plus-value de l'impôt sur le saké (alcool), et des douanes, tandis qu'il y a eu recul pour l'impôt foncier. La guerre et la marine ont contribué surtout à accroître les dépenses ; les dépenses ordinaires et extraordinaires pour l'année ont progressé de 8,6 à 14,7 millions de yens, pour la marine de 3,3 à 8,1 millions de yens ; les dépenses pour la défense nationale ont doublé, alors que les dépenses totales ont progressé de 17 0/0 seulement.

La période qui commence avec la guerre du Japon contre la Chine, présente un tout autre caractère. L'influence de l'issue heureuse de cette guerre et de la contribution de guerre imposée à la Chine sur l'énergie économique des Japonais présentent une analogie intéressante avec l'influence de la guerre franco-allemande sur l'économie nationale allemande. Il se produisit une expansion puissante de toutes les entreprises ; avec une rapidité inouïe les Japonais s'approprièrent les avantages de la technique européenne, leur industrie, leur navigation, leur commerce se développèrent avec une intensité inconnue dans l'histoire. La baisse de l'argent-métal amena une dépréciation considérable de la valuta-argent du Japon, une hausse rapide de tous les prix, phénomène qui surexcita la spéculation. Bien que l'essor démesuré ait été interrompu en 1897 et 1898 par une crise violente, le résultat final du nouveau développement constitue cependant une extension formidable de l'économie nationale du Japon.

Les finances publiques ne pouvaient manquer de ressentir l'influence de cette évolution. Les conditions de la paix de Simonoseki, par lesquelles, sous le coup de l'intervention de la Russie, de la France,

de l'Allemagne, le Japon dut renoncer à une partie
des fruits de sa victoire, ces conditions ont laissé
dans l'âme des Japonais la ferme résolution de porter leur armée et leur flotte à un niveau correspondant à celui des grandes puissances européennes.
L'exécution de ce dessein exigea la tension de toute
la force financière du pays.

En 1896 et en 1897, le gouvernement japonais fit
approuver par la représentation populaire un programme pour l'organisation de l'armée et de la flotte,
pour des travaux publics extraordinaires, et pour des
objets économiques spéciaux. Ce programme prévoyait une dépense extraordinaire de 516 millions de
yens, son exécution devait être répartie sur 10 années de 1897 à 1906, cependant, il était presque exé-
cuté à la fin de 1903.

La somme de 516 millions de yens comprenait :

	Millions de yens
Acquisition de navires de guerre...............	213,1
Établissement de chantiers de construction au Japon	13,4
Total pour la marine..................	226,5
Armement et équipement de nouveaux régiments.	82,0
Construction de forteresses et divers..........	16,5
Total pour l'armée..................	98,5
Total pour l'armée et la flotte.............	325,0
Construction de chemins de fer, de ports et autres travaux publics......................	106,0
Dépenses économiques extraordinaires..........	85,0
Total	516 »

Cette somme gigantesque de 516 millions de yens (1.078,5 millions M.), gigantesque pour les dimensions du budget japonais, fut couverte en partie par l'indemnité de guerre japonaise, en partie par les excédents de budgets antérieurs, en partie avec des emprunts. Le coût de la guerre sino-japonaise, estimé à 235 millions de yens, fut couvert en partie par l'emprunt de guerre de 125 millions, en partie par les recettes courantes ; un solde de 80 millions fut couvert par l'indemnité de guerre chinoise, dont les recettes, y compris l'indemnité pour la restitution de la presqu'île de Liaotung, ont été de 365,5 millions. Après déduction de la somme prise pour les dépenses de la guerre, il restait 285 millions de yens pour l'exécution du programme. La somme de 230 millions nécessaire pour parfaire les 516 millions, fut couverte en faible partie par des excédents de budgets antérieurs, en majeure partie par des emprunts dont le total autorisé était de 208 millions, sur lesquels jusqu'à la fin de 1902-1903, il avait été émis 193 millions de yens.

En dehors de l'accroissement des charges pour la dette, la réorganisation militaire et économique du Japon a rendu nécessaire un relèvement considérable des dépenses courantes, qu'il fallut couvrir par un relèvement correspondant des recettes ordinaires. Dans ce but, à partir de 1896, le Japon a fortement serré la vis fiscale. Nous avons indiqué l'augmentation pour cinq ans de l'impôt foncier en 1899 ; en 1896 l'impôt des patentes a été introduit, en 1899 l'impôt sur le revenu a augmenté, en 1896, 1898, 1901 l'impôt sur le saké a été presque quadruplé, en 1898 à la place de l'impôt sur le tabac on a créé un monopole, en 1899 on a doublé la taxe sur le choyu (sauce), introduit un droit de tonnage, révisé le tarif

douanier, relevé l'impôt sur le timbre, en 1901 on
a introduit un droit sur la bière et le sucre.

Ces modifications ressortent du tableau que voici :

	1894-1895	1903-1904	
Recettes ordinaires............	89,7	231,8	+ 142,1
Dépenses —	60,4	178,5	+ 118,1
Excédent	29,3	53,3	+ 24,0
Recettes extraordinaires..	8,4	19,9	+ 11,5
Dépenses — ..	17,7	66,3	+ 48,6
Excédent du budget extr.	— 9,3	— 46,4	— 37,1
Excédent du budget total.	20,0	6,9	— 13,1
Emprunts	244,3	559,6	+ 315,3
Papier-monnaie de l'Etat..	13,4	1,6	— 11,8
Dette totale..........	257,7	561,2	+ 303,5

La mesure dans laquelle les principaux chapitres
des recettes ordinaires ont participé à la plus-value
ressort du tableau ci-dessous :

	1894-1895	1903-1904	
	millions de yens		
Impôt foncier...........	39,3	47,0	+ 7,7
Patentes	—	6,8	+ 6,8

	1894-95	1903-04	Augmentation
	millions yens		
Impôts sur le revenu...........	1,4	7,4	6,0
— le saké	16,1	66,5	50,4
— le sucre.........	—	7,2	7,2
— le tabac.........	2,7	12,6	9,9
Autres impôts de consommation.	5,3	7,0	1,7
Douanes	5,8	16,6	10,8
Droits de timbre.............	0,8	13,5	12,7
Postes et télégraphes.........	8,4	25,9	17,5
Chemins de fer..............	3,2	8,8	5,6

Une simple comparaison des dépenses ordinaires pour les années 1894-1895 et 1903-1904, ne donne pas un tableau exact du développement des dépenses pour les différentes branches de l'administration, car le centre de gravité des dépenses, dans la période la plus récente des finances japonaises, se trouve dans les dépenses extraordinaires et dans leur répartition sur une série d'années. Il est donc utile de juxtaposer les dépenses totales des années 1884-1893 et 1894-1903.

Total des dépenses (ordinaires et extraordinaires) en millions d'yens (1) :

	1884-5—1893-4		1894-5—1903-4		Augmentat	
	Montant	0/0 dépenses	Montant	0/0 dépenses	Montant	0/0
Liste civile.......	26,8	3	30,7	1,5	3,9	15
Aff. étrangères..	7,2	1	19,4	1	12,2	170
Ministères :						
De l'Intérieur.	127,0	16	236,3	11	109,3	86
Des Finances..	309,7	39	533,8	25	224,1	72
De la Guerre..	131,3	17	462,4	22	331,1	252
De la Marine.	86,3	11	374,3	18	288,0	333
De la Justice..	30,1	4	65,7	3	35,6	118
De l'Instruction	10,4	1	39,4	2	29,0	280
Agric. et Com.	13,1	2	57,6	2,5	44,5	340
Transport	46,9	6	296,6	14	249,7	532
Total......	788,8	100	2.116,2	100	1.327,4	168

D'après ces chiffres, les dépenses ont augmenté pour l'armée et la flotte de 217.6 millions à 836.7 millions ; ce qui équivaut à 1.750 millions de marks ou

(1) Dans ces comparaisons, il faut faire remarquer que par suite de la dépréciation de l'argent métal, le *yen* a baissé de valeur.

2.287 millions de francs. Il faut prendre en considération que, pour les trois années de 1901-02 à 1903-04,
on a fait figurer les prévisions budgétaires, non pas
les règlements d'exercices qui auraient été très supérieurs aux prévisions, notamment pour la guerre et
la marine. Mais déjà, d'après les données ci-dessus,
le Japon, de 1894 à 1903, a consacré 40 0/0 de ses dépenses à sa flotte et à sa marine ; il y a de plus les dépenses du ministère des Finances, dans lesquelles les
exigences du service de la dette prennent une large
place ainsi que les dépenses pour des objets économiques et des entreprises de transport, qui ont été
faites pour une bonne part directement ou indirectement dans un intérêt militaire.

Si considérables que puissent être les dépenses militaires et navales du Japon en proportion du chiffre
total du budget japonais, elles sont modestes cependant en comparaison des dépenses analogues des
puissances européennes. Notamment ces dépenses
paraissent peu considérables en vue de ce que le Japon a créé avec cet argent : il a augmenté l'effectif de
son armée deux fois et demie, il l'a équipée des fusils
et des canons les plus modernes, enfin surtout il a
pour ainsi dire créé de rien, une flotte de combat de
première classe. Seule l'économie la plus stricte de
l'administration dans l'emploi des ressources mises
à sa disposition, seule l'absence de besoins de l'ou-
vrier et du soldat japonais expliquent la dispropor-
tion entre le résultat obtenu et les sommes dépensées.

Jusqu'ici, nous avons montré dans quelle mesure le
Japon, dans les dix dernières années, a mis ses finances à la disposition de sa force militaire. S'il a dû
avoir recours dans des proportions considérables à
l'emprunt, cependant la solide gestion de ses finances

de 1880 à 1895 lui a fourni la possibilité de se procurer par cette voie les ressources nécessaires sans trop de difficultés, à des conditions relativement bon marché et sans nouvel ébranlement de son crédit. Le tableau de la situation financière du Japon au moment de la rupture, exige cependant quelques explications sur la manière dont le Japon a réglé sa constitution monétaire, dont nous avons indiqué plus haut l'importance pour le cas d'une guerre.

Nous avons mentionné que le Japon a diminué graduellement l'excès de papier-monnaie émis dans les années 1870 et suivantes, en même temps qu'il consolidait ses finances au début de la période 1880, et qu'il a préparé la suppression définitive du papier monnaie ; la création d'un fonds d'échange à l'aide des excédents budgétaires lui a donné la possibilité de rembourser à partir du 1er janvier 1886 le papier-monnaie en argent-métal ; la Banque du Japon, fondée en 1882, reçut le privilège exclusif de l'émission des billets. Avec la reprise des paiements en espèces le 1er janvier 1886, le Japon a été en possession d'une monnaie de métal, mais non pas de la monnaie des puissances *économiques* de l'Europe et de l'Amérique, que le Japon cherchait à imiter en toutes choses, il a été en possession de l'étalon d'argent. Par suite des fluctuations violentes du cours de l'argent qui se sont produites de 1885 à 1895, le change japonais a oscillé par rapport à la monnaie du marché mondial. Les inconvénients de cette situation pour le commerce avec les pays à étalon d'or, dont le Japon attendait une collaboration pour son développement rapide, et les difficultés de l'afflux de capitaux étrangers étaient presque aussi considérables avec l'étalon d'argent qu'avec le papier-monnaie. Pour l'État, lorsque celui-ci voulait faire appel au crédit, les entraves étaient aussi grandes dans un cas que dans l'autre. Enfin l'existence d'un stock d'argent monnayé, qui ne peut être vendu que difficilement et à perte sur le marché, n'a pas, en cas de guerre la même importance comme réserve suprême, qu'un stock d'or qu'on peut immédiatement utiliser.

Si néanmoins le gouvernement japonais s'est contenté d'abord de revenir à l'étalon d'argent, c'est que le passage à l'étalon d'or aurait exigé des sacrifices trop lourds pour les finances du pays à ce moment (1).

L'issue de la guerre chinoise et la contribution imposée à l'Empire du Milieu, tout comme jadis l'indemnité de guerre payée par la France à l'Allemagne, fournirent l'occasion désirée pour obtenir sans sacrifice trop sensible l'or nécessaire à l'adoption de l'étalon d'or. Il est vrai que la contribution fut fixée en argent (en taëls), mais il y eut un accord fait avec la Chine par lequel celle-ci s'engagea ultérieurement à payer en monnaie d'or. Après que l'acquisition de l'or eût été ainsi garantie, la loi du 29 janvier 1897 introduisit l'étalon d'or. Le nouveau yen or fut établi au titre de 0.75 gr. d'or et correspond en monnaie française à 2 fr. 58, les monnaies d'argent ont force libératoire jusqu'à 10 yens. Jusqu'au 31 juillet 1898, il fut retiré 75 millions yens d'anciennes pièces d'argent contre de nouvelles pièces d'or, une partie

(1) Dans son rapport déjà cité, le comte Matsukata dit : « Si le gouvernement a poursuivi une politique qui a conduit inévitablemnt au résultat de faire du Japon *de facto* une contrée à monnaie d'argent, c'est surtout à cause de la grande difficulté d'accumuler immédiatement la grande réserve d'or nécessaire pour l'établissement du monométallisme or. Il parut sage de laisser cela comme un second but à atteindre dans un moment plus favorable. »

fut refondue en monnaie divisionnaire de la nouvelle frappe, une partie fondue et vendue. Le bénéfice à la frappe des monnaies divisionnaires dépassa légèrement la perte subie à la vente, si bien que la réforme s'accomplit sans surcharge pour l'Etat.

Dans le même temps on avait terminé le retrait du papier-monnaie et des billets de banques nationales. Depuis le 31 décembre 1899 la circulation du papier-monnaie, depuis le 9 décembre 1899 celle des billets des banques nationales a été interdite. Les montants peu considérables qui n'ont pas jusqu'ici été présentés au remboursement ont vraisemblablement été détruits dans le cours du temps.

Les billets de la Banque du Japon sont ainsi les seuls signes de paiement en papier qui circulent au Japon à côté de la monnaie de métal ; la circulation de ces billets est beaucoup plus considérable que celle de la monnaie métallique. Au 31 décembre 1902, la circulation de la monnaie d'or est indiquée comme étant de 89.2 millions, celle des monnaies d'argent, de nickel, de cuivre, de 77.1 millions, celle des billets de la Banque du Japon de 221 millions de yens. En présence d'une circulation fiduciaire deux fois et demie plus considérable que la circulation de l'or, la destinée de la valuta japonaise dépend, dans une mesure toute spéciale, de la capacité de la Banque du Japon de maintenir intact le remboursement de ses billets en or.

La Banque du Japon est organisée comme les banques d'émission européennes. Le capital est de 30 millions de yens, en outre elle dispose d'une réserve de 16.6 millions. Ses attributions sont délimitées d'une façon analogue à celles de la Reichsbank, dont la constitution a été prise comme modèle, notamment dans les dispositions qui concernent l'émission des billets. La Banque du Japon, comme la Reichsbank, a reçu la faculté d'émettre un maximum déterminé, dépassant l'encaisse métallique, mais tout billet émis au-delà du maximum est frappé d'un impôt de 5 0/0 l'an. La quantité de billets qui peut être émise sans impôt et qui est de 470 millions de marks pour la Reichsbank, a été au début de 70 millions de yens, puis de 85 millions en 1890, de 120 millions de yens en 1899. Tandis qu'il a été exigé que les billets émis au-delà de l'encaisse métallique par la Reichsbank eussent comme contre-partie des effets de commerce portant au moins deux signatures solvables et n'ayant pas plus de 3 mois à courir jusqu'à l'échéance — disposition qui assure un reflux constant et rapide de ressources à la Banque —, on a admis aussi pour couverture à la Banque du Japon, à côté de l'encaisse métallique et des effets de commerce, des titres de la dette publique.

Avant la guerre, la base de la circulation fiduciaire de la Banque du Japon, s'établissait comme suit d'après les chiffres moyens de l'année 1903 (1) :

La circulation fiduciaire a été de 198.1 millions de yens, contre lesquels il y avait une encaisse-or de 112.5 millions et un montant insignifiant d'argent. La couverture en or des billets est ainsi seulement de 56.8 millions. Le contraste avec la Banque russe, où la couverture-or pour un montant plus considérable de billets est de 150 0/0, éclate aux yeux. La circulation non couverte par le métal est de 77.9 millions de yens; il y avait 21.9 millions de yens d'effets de commerce escomptés (sur l'intérieur et l'étranger),

(1) Les calculs ont été communiqués à l'auteur par le bureau de statistique de la Reichsbank.

le reste était représenté par des avances sur nantissement et par les titres appartenant à la Banque. Les comptes courants des particuliers s'élevaient à 10.6 millions, ceux du gouvernement à 19.9 millions, soit ensemble 30.5 millions. La Banque avait en outre accordé à l'Etat une avance de 36.9 millions en moyenne.

Comme pour d'autres objets, lorsqu'on considère la circulation monétaire du Japon, on est frappé de l'exiguité des chiffres. Toute la circulation du Japon, y compris les billets non couverts par du métal, est à la fin de 1902 seulement de 326.6 millions de yens = 682.5 millions de marks, ce qui donne environ 15.2 marks par tête de population. L'or en circulation et à la Banque, s'élevait seulement à 197.3 millions de yens = 412 millions de marks ou 9.2 marks par tête. Ces sommes sont exiguës en comparaison des chiffres des pays d'Occident. La circulation monétaire de l'Allemagne avec une population supérieure d'un tiers est entre 4 1/2 et 5 milliards de marks (ce qui donne 80 marks par tête), son stock d'or est au moins de 3.2 milliards de marks, c'est-à-dire huit fois celui du Japon. Mais avant tout en Russie la circulation et l'encaisse d'or sont infiniment plus grandes, malgré la date récente de la réforme. A la fin de 1903, l'encaisse or de la Banque et du Trésor ainsi que l'or en circulation étaient estimés à 1.845 millions de roubles = 3.985 millions de marks, c'est-à-dire à dix fois la quantité d'or du Japon ; par tête de population, on calcule 30 marks d'or (37 fr. 50) en Russie, contre 9 M. 2 (11 fr. 50) au Japon. On est frappé en outre de la façon peu favorable dont la circulation du billet est fondée au Japon, ce qui semble indiquer que le maintien de l'étalon d'or au Japon

rencontre quelques difficultés. Cette impression est
renforcée par le développement de la proportion de
de la couverture des billets.

31 décembre	Or en circulation	Banque du Japon			Couverture des billets	
		Circulation des billets	Encaisse or	Encaisse totale	En or	par l'encaisse totale
		millions yens			0/0	0/0
1895	12,3	180,3	31,5	60,3	17,5	33,5
1896	12,8	198,3	90,9	132,7	45,8	67,0
1897	80,0	226,2	96,9	98,3	42,9	43,5
1898	83,6	197,4	89,6	89,6	45,4	45,4
1899	93,4	250,6	103,1	110,1	41,2	44,0
1900	52,9	228,6	65,3	67,3	28,6	29,4
1901	59,3	214,1	68,9	71,4	32,2	33,2
1902	89,2	232,1	108,1	109,1	46,6	47,0
1903	?	232,9	118,6	121,3	50,9	56,0

Bien qu'en 1899 le Japon ait conclu à Londres un
emprunt de 10 millions de liv. st. (environ 100 millions
de yens) principalement pour maintenir un stock d'or
suffisant, le stock d'or aussi bien en circulation qu'à la
Banque du Japon, était en 1900 et 1901 notablement
au-dessous de ce qu'il avait été en 1897 et en 1898.
La couverture or de la Banque du Japon, le 31 décembre 1900 et 1901, a été inférieure au tiers de la circulation. Les deux années qui ont suivi ont vu une
importante amélioration due en partie à de nouveaux
emprunts à Londres en 1902, en partie à une tournure meilleure des affaires économiques au Japon.

Pour le Japon aussi, on ne peut juger des finances
publiques qu'ensemble avec le développement complet de l'économie nationale. En présence des modifications profondes qui ont eu lieu depuis une quinzaine d'années dans l'Empire du Soleil Levant, ce

rapport entre les finances et l'économie nationale a eu une importance toute spéciale.

Les éléments pour le passage rapide à l'usage de la monnaie et pour le développement de l'industrie se trouvent réunis au Japon. Celui-ci dispose d'une population dense, laborieuse, sobre et souple. En moyenne par kilomètre carré, on trouve 117 habitants au Japon contre 110 en Allemagne, 113 en Italie, 132 en Grande-Bretagne, 22 en France, 21 dans la Russie d'Europe. Une grande partie du territoire au Japon est inhabitable et non cultivé. L'île la plus septentrionale, Yesso, qui embrasse environ le quart de la superficie de l'Empire du Japon, n'a que 9 habitants par kilomètre carré, tandis que dans les autres provinces, la densité va jusqu'à 180 habitants. La conséquence de cette forte densité de la population est non seulement de fournir un nombre d'hommes suffisant pour l'industrie à l'européenne, mais encore de mettre le Japon hors d'état de nourrir sa population qui croît rapidement avec la production agricole indigène. À côté du coton brut, les articles qui figurent en tête du tableau des importations au Japon sont le riz et le sucre. Le Japon se voit donc poussé, tout comme les grands pays industriels de l'Europe, à exporter des produits industriels pour payer ses importations de produits alimentaires et de matières premières.

Si l'on considère la richesse du Japon en minerais, sa position géographique favorable, le développement méthodique de l'industrie et du transport par l'État, on comprend que l'adoption de la technique européenne a amené des succès considérables et rapides. Cependant les progrès économiques du Japon dans les dernières dix années sont tellement surprenants, qu'on ne peut se les expliquer que par l'éveil soudain d'un besoin formidable d'expansion dans le peuple japonais. Afin de caractériser la marche du développement, les indications qui suivent suffiront.

Le peu de progrès de la production agricole ressort de ce que de 1893 à 1903 la surface des champs de riz n'a progressé que 2.734.000 tan à 2.800.000 tan (1), la terre cultivée en céréales de 2.279.000 tan à 2.334.000. La récolte du riz, qui varie d'années en années, a progressé de 37.2 millions de koku (2) en 1886 à 41.4 et 46.9 millions de koku en 1892 et 1901. Il a été récolté dans les trois dernières années, 16 millions de koku d'orge, 15.9 millions et 20.6 millions. La récolte du coton a fléchi de 22.4 millions de kwan (3) à 12.6 millions de kwan en 1892 et 4.5 millions de kwan en 1901. La production du thé est restée à peu près stable de 1886 à 1901 avec 7 millions de kwan, de même celle du sucre qui a été de 1.450.000 kwan en 1886, de 1.377.000 en 1901. Le bétail n'a pas subi d'augmentation notable: de 1888 à 1901, le nombre des têtes de bétail reste à peu près invariable avec 1 million 1/2.

Les progrès de l'industrie et des mines contrastent avec cette stabilité de l'agriculture.

Production		1886	1892	1901
Or	Kil.	465	700	2.475
Cuivre	Tonnes.	9.774	20.727	27.392
Fer		12.987	18.868	70.050
Charbon		1.374.209	3.175.670	8.945.939
Pétrole	1.000 litres.	7.236	12.150	177.477

Le développement de la production semble énorme.

(1) Le tan vaut 9.917 ares.
(2) Le koku est égal à 180,4 litres.
(3) Le kwan pèse 3,75 kg.

Cependant il ne faudrait pas se laisser amener à des conclusions exagérées, en tenant compte du pourcentage de la progression. Il faut considérer la valeur positive des chiffres atteints. Même en 1901, la production sidérurgique du Japon ne représentait que la centième partie de celle de l'Allemagne, celle de la houille n'équivalait qu'à la 17e partie. Afin de juger de l'allure du développement au Japon, il convient de rappeler que la production du fer en Allemagne était de 798.000 tonnes en 1861-1865 (moyenne) et qu'en 1903, elle a dépassé 10 millions de tonnes.

Parmi les industries propres du Japon, on remarquera l'augmentation de la fabrication des allumettes, dont la valeur a progressé de 1.8 million de yens en 1889 à 9.3 millions de yens en 1901, celle du papier qui a progressé de 5 millions en 1887 à 20 millions en 1901. Mais le développement le plus brillant se rencontre dans l'industrie textile, avant tout dans la filature du coton. En 1888, il existait au Japon 24 filatures avec 113.856 broches et une consommation annuelle de 7.780 tonnes de coton ; en 1901, 81 filatures avec 1.181.762 broches et une consommation de 145.000 tonnes. La valeur des tissus fabriqués au Japon est indiquée comme ayant été de 17.8 millions de yens en 1886, de 153.6 millions en 1901. Ce développement extraordinaire trouve son expression dans le commerce extérieur du Japon comme suit :

	1888	1902
	mille yens	
Importation de coton brut............	1.652	78.780
— filés de coton........	13.612	1.748
Exportation de filés de coton.........	—	19.902

L'augmentation du nombre des exploitations avec

force motrice mécanique de 1.967 en 1896 à 3.381 en 1902 montre dans quelle proportion l'ensemble de l'industrie japonaise a su utiliser l'outillage européen ; simultanément le nombre des exploitations sans force motrice reculait de 4.403 à 3.790.

Stupéfiants sont les progrès de l'organisation capitaliste dans les dix dernières années : le nombre des sociétés (par actions, en commandite, associations) était de 2.844 en 1894 avec un capital de 245 millions de yens, de 8.594 avec un capital nominal de 1.201 millions (dont 829 millions versés) en 1901. La principale augmentation incombe aux années qui ont suivi la guerre contre la Chine. En 1896 le capital engagé dans les sociétés existantes a été plus que doublé par de nouvelles fondations et des augmentations de capital. Il est difficile de ne pas penser à la période de fondations qui a suivi en Allemagne la guerre contre la France. Au Japon d'ailleurs comme en Allemagne, la crise a été inévitable après les excès de la spéculation. Beaucoup de nouvelles compagnies se sont effondrées et les autres ont dû lutter pour survivre. Les chiffres de la production industrielle montrent cependant que la crise n'a pas empêché l'expansion formidable du Japon.

Tout comme la production industrielle, le commerce, la navigation, les transports intérieurs se sont accrus. La longueur des chemins de fer a augmenté de 2.333 km. en 1890 à 6.817 km. en 1902, le nombre des voyageurs de 23 à 111 millions, le tonnage des marchandises de 1.760.000 T. à 14.410.000 T. Le développement de la marine éclate dans les statistiques que voici :

	Navires à vapeur		Voiliers de construction européenne		Jonques	
	Nombre	Tonnes	Nombre	Tonnes	Nombre	Tonnes
1882.	460	100.112	688	60.328	16.757	2.786.818
1895.	827	341.369	702	44.794	17.360	2.960.887
1901.	1.395	583.532	4.020	336.436	19.758	2.921.565

Le gouvernement japonais, par des primes à la construction et à la navigation, a favorisé surtout la construction de grands navires à vapeur qui, en cas de guerre, pouvaient trouver emploi comme croiseurs auxiliaires et transports.

Quant au commerce extérieur, si l'on rapproche les chiffres de 1882 et de 1902, on constate à l'importation une progression de 29 à 319 millions, à l'exportation de 38 à 291 millions. Elle est surtout forte à partir de 1894.

			Excédent	
	Exportation	Importation	d'export.	d'import.
1882	38	29	9	—
1893	90	88	2	—
1894	113	117	—	4
1895	136	129	7	—
1896	118	172	—	54
1897	163	219	—	56
1898	166	278	—	112
1899	215	220	—	5
1900	204	287	—	83
1901	252	256	—	4
1902	258	272	—	14
1903	291	319	—	28

Lorsqu'on considère le développement du commerce extérieur du Japon, il faut toujours se rappeler que le yen japonais a subi une très forte dépréciation relativement à la monnaie des pays à étalon d'or. Conformément à cette dépréciation, les prix au Japon pour les principales marchandises ont beaucoup haussé. C'est ainsi que le prix du riz a monté de 4.71 yens par koku en 1887 à 11.47 yens en 1901, celui du coton importé de 16.64 yens, par 100 kin. (1 kin. = 0.6 kg.) à 25.74 yens, celui du filé de coton importé de 31.04 à 54.48 yens, alors que sur le marché mondial le prix du coton et du filé de coton a baissé. Les salaires des ouvriers agricoles et dans l'industrie ont au moins doublé dans l'intervalle. Une bonne partie de l'accroissement apparent du commerce extérieur du Japon provient de la dépréciation du signe monétaire du Japon, qui a eu pour conséquence une hausse des prix et des salaires. Mais même après cette déduction, la progression n'en reste pas moins étonnante.

La modification dans la balance du commerce, survenue depuis la guerre sino-japonaise, est encore plus intéressante. La période du progrès calme, économique et financier de 1881 à 1893, avait amené des excédents d'exportation, qui en 1892 s'étaient élevés à près de 20 millions de yens. A dater de 1896, l'importation dépasse l'exportation, parfois même pour des sommes énormes en proportion des ressources du Japon. On peut trouver là l'expression du phénomène suivant : c'est que les forces mêmes du Japon n'étaient pas à la hauteur des exigences économiques et financières de ces années.

Tout comme l'Etat a dû recourir au marché de Londres afin de se procurer les moyens nécessaires à ses armements formidables, de même l'économie nationale du Japon était incapable de payer avec des marchandises d'exportation les objets nécessaires à la réorganisation de l'armée, de la flotte, de l'industrie, objets qu'elle ne pouvait fabriquer dans le pays même. Dans la mesure où le produit des emprunts contractés à l'étranger n'a pu couvrir l'excédent des importations qui, de 1896 à 1903, a été de 355 millions, il a fallu ou qu'il sortît de l'or ou que le crédit étranger fût mis à contribution également par les particuliers. Cela explique les difficultés contre lesquelles il a fallu lutter pour conserver une base solide à la nouvelle monnaie d'or, cela explique aussi que, pendant ces dernières années, les Japonais ont rompu quelque peu avec leur réserve à l'égard des capitaux étrangers. Ce n'est qu'au début du nouveau système et dans la période de contact intense avec la civilisation européenne que le Japon a conclu des emprunts sur le marché anglais ; plus tard, on a cherché à se rendre indépendant du capital étranger jusqu'à interdire aux étrangers l'acquisition d'actions de chemins de fer, de banques, d'entreprises industrielles. La rareté des capitaux, l'affaiblissement de la constitution monétaire dans les dernières années du xixe siècle, ont amené l'État japonais non seulement à conclure des emprunts en livres sterling à Londres en 1899 et 1902, mais encore à abroger en partie l'interdiction de transférer à des étrangers les actions d'entreprises japonaises.

La comparaison de ce développement du Japon, dans les années qui ont précédé la guerre, avec le développement de la Russie est extraordinairement intéressante.

Tandis que la Russie, jusqu'au moment même de la rupture, a travaillé sans se déranger à la consolidation progressive de ses finances, tandis que l'économie nationale russe même dans les années de crise industrielle et de mauvaises récoltes a eu des excédents

d'exportation, qui ont été plus que suffisants pour
compenser les paiements à l'étranger, tandis que notamment, pour assurer son système monétaire et pour
constituer éventuellement une réserve de guerre, la
Russie a réussi à réunir et à conserver un stock d'or
immense, — le Japon a tendu presque jusqu'à leur
limite extrême ses forces financières et économiques
pour exécuter son programme militaire et pour équi-
per son industrie ; il s'est vu obligé d'augmenter son
endettement, principalement à l'étranger, dans des
proportions considérables, et de soumettre les bases
de son crédit, sa monnaie, à une redoutable épreuve
de surcharge. Bref, pour le Japon, au point de vue
financier, la guerre n'a pas commencé seulement en
février 1904, mais déjà quelques années plus tôt.

La guerre et les mesures financièrès des Etats.

Les voies et moyens, à l'aide desquels un Etat moderne peut préparer les ressources nécessaires à une
guerre, sont principalement les suivants :

Tout d'abord, il se comprend de soi-même que
les sommes libres des caisses de l'Etat et les fonds
disponibles sont mis à contribution pour les dépenses de guerre.

Ensuite, il y a lieu de considérer une modification
dans le plan budgétaire, soit que par des surtaxes
d'impôt ou par l'introduction de nouveaux impôts on
ouvre de nouvelles sources de recettes en vue de la
guerre, soit que par l'ajournement de dépenses moins

urgentes, on libère une partie des ressources budgétaires pour la guerre.

Mais comme le coût énorme d'une guerre moderne ne peut pas être couvert à l'aide des ressources disponibles, ni des recettes courantes, il est indispensable d'avoir recours au crédit. Dans toutes les guerres récentes, les États engagés se sont vus obligés de venir sur le marché financier avec l'émission de titres à intérêts, et pour la plupart non pas seulement sur le marché indigène, mais sur le marché international. Même l'Angleterre, si riche en capitaux, qui passe pour le cœur du marché international, durant la guerre du Transvaal et les troubles de Chine en 1900, a cru avantageux de satisfaire une partie de ses besoins de crédit aux États-Unis.

A côté de l'émission d'emprunts dans le sens propre du mot, un rôle important incombe à la mise à contribution du crédit des grandes banques centrales, qui, dans leurs fonds d'échange, disposent régulièrement de grandes accumulations de métal jaune, et qui, d'autre part, en vertu de leur privilège d'émettre des billets, placent sous forme de billets immédiatement des sommes considérables au service de l'État. Proche parente de cette procédure est l'émission de papier-monnaie par l'État lui-même. La main-mise sur l'encaisse métallique d'une grande banque et sur son émission de billets, ainsi que la création de papier-monnaie, sont tellement commodes que ces moyens, depuis l'introduction d'instruments de paiement en papier et la naissance des grandes banques, ont été employés sur une vaste échelle et ordinairement encore, tout d'abord. Cette procédure a remplacé la détérioration de la monnaie, à laquelle jadis les États embarrassés ne manquaient pas d'avoir recours ; mais cette procédure nouvelle, si elle n'est pas appliquée avec infiniment de précaution, est tout aussi bien une détérioration de la monnaie que la frappe de pièces contenant une moindre quantité de métal fin. La diminution de la couverture métallique accompagnant une extension de la circulation fiduciaire met en question la faculté de rembourser les billets en circulation et compromet la préservation du système monétaire, cette base du crédit public. Voilà où se trouve le grand danger de ce moyen le plus commode de se procurer de l'argent.

La Russie et le Japon ont éprouvé tous deux dans le passé les inconvénients terribles du papier-monnaie ; au prix de grands sacrifices, ils se sont débarrassés du papier-monnaie émis directement par l'État ou par l'intermédiaire des banques.

Malgré cela, il n'est pas possible d'éviter de mettre à contribution dans une grande guerre l'encaisse métallique et la planche aux billets. D'abord l'emploi de ce moyen est possible dans certaines limites, et cela sans provoquer les dangers que nous venons de rappeler ; à l'intérieur de ces limites, pour la détermination desquelles il n'existe pas de critérium préalable certain, aucun État ne renoncera aux grands avantages du recours à la Banque d'émission ou à la création de papier-monnaie, à la facilité, à la promptitude, au bon marché apparent, et il le fera d'autant moins, que les conditions d'emprunt sur le marché des capitaux seront plus défavorables. De plus, dans ce cas, *Not bricht Eisen*, la nécessité brise le fer ; lorsque les autres moyens de se procurer des capitaux font défaut, il faut bien sacrifier la monnaie de métal au salut de l'État.

C'est dans une combinaison opportune des divers

moyens de se procurer de l'argent, dans l'emploi de chacun au moment juste et dans une proportion appropriée, que réside l'art de la conduite financière de la guerre.

C'est d'après ces points de vue que nous allons exposer les mesures financières de guerre, prises jusqu'ici par la Russie et le Japon.

Les mesures financières de guerre en Russie

La situation financière de la Russie, au début de la guerre, était la suivante: les disponibilités du Trésor, d'après les calculs du ministre des Finances, au 1er janvier 1904, s'élevaient à 312 millions de roubles. Le budget de 1904 prévoyait en dépenses ordinaires 1.966,5 millions, en dépenses extraordinaires, presque exclusivement pour les chemins de fer, 212,2 millions, ensemble 2.178,7 millions. De ces dépenses 1.982,9 millions étaient couverts par les recettes ordinaires et le montant des dépôts perpétuels à la Banque ; pour les 195,8 millions restants, on avait recours aux disponibilités du Trésor, qui étaient réduites à 116 millions.

La dette publique s'élevait, au début de 1904, à 6.636 millions R., elle avait progressé lentement dans le cours des dernières années, et infiniment moins vite que l'accroissement correspondant de la fortune productive de l'État.

Le stock d'or de la Banque Impériale et du Trésor était de 1.058 millions à la fin de 1903. La Banque de

Russie seule disposait au 1/14 janvier d'une encaisse-or de 732.9 millions R. et de 169,1 millions de roubles en traites sur l'étranger et en crédit, chez ses correspondants à l'étranger (1), ensemble plus de 902 millions R. en or et en créances toujours réalisables en or. Sa circulation fiduciaire le même jour s'élevait seulement à 578,7 millions R. ; elle était donc couverte avec 156 0/0 en or, et la Banque aurait pu augmenter jusqu'à 1.200 millions son émission de billets en vertu des dispositions légales qui autorisent l'émission de billets jusqu'à concurrence de 300 millions R. au-delà de son encaisse métallique, c'était donc une réserve d'émission de 625 millions de roubles. Les comptes courants de l'État à la Banque s'élevaient à 635 millions R.

En présence de l'encaisse-or considérable de la Banque, qui permettait, d'après les dispositions des statuts, d'augmenter du double la circulation fiduciaire, on aurait pu se laisser aller à se procurer les moyens nécessaires à la guerre par un prélèvement d'or ou de billets à la Banque. Le Trésor russe n'avait pas même besoin de mettre directement le crédit de la Banque à contribution, il pouvait se contenter de retirer de grosses sommes de son compte courant à la Banque.

L'administration financière russe a cependant donné à plusieurs reprises l'occasion de reconnaître qu'elle

(1) Dans le calcul de ce montant au crédit de la Banque, on déduit les traites sur l'étranger émises par la Banque et qui sont à payer pour son compte par ses correspondants. Ainsi, au 1/14 janvier 1904, les sommes or à l'étranger, 166,6 millions, les effets sur l'étranger en portefeuille, 8,2 million, ensemble 174,8 millions, dont il faut déduire 5,7 millions traites sur l'étranger (au passif), il restait 169,1 millions.

n'est pas disposée, sans motif absolument urgent, à faire un usage étendu de ce moyen. Dans une communication officielle que le *Messager officiel* a publiée le 13 mai 1904, il est dit à ce sujet : « ..... *Si séduisant qu'il puisse paraître au premier abord, de faire face à toutes les dépenses de la guerre avec les seules ressources que donnerait l'élasticité normale de la circulation fiduciaire, le ministère des Finances ne croit pas devoir user de ce procédé. La prudence commande, en temps de guerre surtout, de ne pas épuiser ses disponibilités. Elle fait un devoir de ne pas compromettre l'existence d'un régime monétaire constitué avec tant de peine et dont dépend la prospérité économique et financière du pays. La prudence nous prescrit encore de ne rien négliger pour que la fin de la guerre trouve nos finances dans une situation de Trésorerie aussi solide qu'au moment où nous avons été arrachés aux travaux de la paix.* »

Nous verrons dans le cours de cette étude jusqu'à quel point le gouvernement russe a observé le principe de ne pas mettre la Banque à contribution.

La première mesure à laquelle l'administration financière a eu recours pour couvrir les dépenses de la guerre a consisté à mettre à la disposition du gouvernement les sommes disponibles du Trésor et d'augmenter celles-ci par une modification du budget de prévision pour 1904 (1).

(1) Les budgets russes, écrit M. Paul Apostol, ayant fourni depuis dix ans de très grands excédents de recettes ordinaires sur les dépenses ordinaires, ont permis au pays de procéder sur une grande échelle à l'amélioration et au développement de l'outillage national. Les budgets de cette importance donnant régulièrement des excédents et dont une partie des dépenses est consacrée aux besoins qui peuvent être ajournés dans une certaine mesure, pré-

Cette mesure fut expliquée de la façon suivante dans le *Messager Officiel* :

Il a été trouvé opportun de consacrer provisoirement aux nécessités de la guerre l'encaisse disponible de la Trésorerie, sans avoir recours à d'autres sources, mais, d'autre part, d'augmenter les ressources d'Etat au moyen de radiations opérées dans le budget de 1904, principalement dans les départements civils. Une conférence spéciale, présidée par le comte Solski, a élaboré des propositions qui, après avoir été approuvées par les ministres, ont été examinées par le Conseil de l'empire et sanctionnées le 6 mars par l'Empereur. Le principe directeur des suppressions de crédits a été de les appliquer seulement aux nouvelles mesures projetées pour l'amélioration des conditions déjà existantes, sans troubler le cours ordinaire de la vie publique et sans léser les droits de quiconque par rapport aux obligations de la caisse d'Etat. La somme totale des suppressions de crédits effectuées s'élève à 134.377.107 roubles.

De cette somme :

60.030.649 R. affectent le budget ordinaire de 1904
55.467.687   —   extraordinaire   —

115.498.336
18.828.770 R. des crédits de budgets antérieurs.

Voici en milliers de roubles, le total par ministère des prévisions établies au 1er janvier, et les radiations au 23 février :

sentent incontestablement des avantages inappréciables au moment d'une guerre. Le budget de 1904, dont les prévisions ont été élaborées en temps de paix, a pu par conséquent être facilement réduit au moment où les événements d'Extrême-Orient ont nécessité l'augmentation des ressources pour les besoins de l'armée et de la marine.

	Prévisions	Annulations
Saint-Synode et culte orthodoxe....	29.332	264
Affaires étrangères...............	6.418	465
Marine	113.622	1.153
Finances	372.122	15.240
Agriculture	49.829	3.125
Intérieur	114.727	9.848
Instruction publique............	43.677	1.108
Voies de communication..........	473.275	24.604
Marine et ports de commerce......	16.547	3.903
Justice	51.083	250

Ces réductions ramènent les dépenses ordinaires de 1.960 millions R. à 1.906 millions, soit une diminution de 3 0/0 sur le projet de budget. Toutes réductions faites, les dépenses ordinaires dépassent de 26 millions les crédits ouverts dans le budget de 1903. Les dépenses extraordinaires ont été réduites de 212,1 millions à 156,7 millions R., soit de 55,5 millions ou de 26 0/0. Notamment, les indemnités allouées aux particuliers lésés par l'établissement du monopole sont écartées pour 1904 ; les prêts aux compagnies de chemins de fer sont en diminution de 3,7 millions, les dépenses pour la construction de voies ferrées sont ramenées de 125,6 à 76,7 millions, par la réduction de 48,9 millions, etc.

L'annulation de crédits primitivement ouverts pour subvenir à certains besoins qui se présentent en temps normal de paix, n'est pas un fait exceptionnel. Les mêmes changements ont été apportés au budget pendant la guerre de 1812, pendant la guerre de Crimée (1854-1855), et même pendant les troubles récents de Chine (1900).

Voici le tableau des réductions envisagées au point de vue des besoins auxquels les crédits étaient destinés :

Millions
de roubles

Constructions de chemins de fer.............. 54,9
Renforcement et amélioration des chemins de fer
  et augmentation de leurs capitaux............ 18,2
Acquisition de wagons de voyageurs et d'accessoi-
  res de chemins de fer.................   1,9
Construction et entretien des routes et des voies
  navigables et avances consenties dans le même
  but 18,8
Aménagement et développement des ports de com-
  merce   3,9
Certains travaux à Vladivostock et Port-Arthur..   4,3
Avances et subsides....................   9
Dépenses pour le monopole de la vente des spiri-
  tueux 14,4
Construction et acquisition d'immeubles.........   3,6
Autres dépenses.......................   5 »

A côté de l'augmentation des disponibilités du Trésor au moyen des annulations de crédits et de la réduction des dépenses, un autre accroissement a été amené par le fait que le règlement provisoire de l'exercice 1903 a laissé un plus grand excédent du budget ordinaire qu'il n'avait été prévu dans le projet de budget de 1904 (1).

Sur la base de ces données provisoires au 1er janvier 1904, après avoir tenu compte des dépenses à couvrir en 1904, le solde des disponibilités du Trésor s'élevait à plus de 132 millions R. En tenant compte des modifications faites au budget de 1904, et que nous avons indiquées plus haut, le solde des dispo-

(1) D'après les prévisions, le budget ordinaire devait donner 16,6 millions R. d'excédents de recettes sur les dépenses. L'exécution du budget ordinaire a donné un excédent de 149,7 millions.

nibilités était de 266 millions (1). En outre, la publication officielle faite dans le *Messager du Gouvernement* du 13 mai, mentionne que, sur la base de décrets spéciaux, diverses sommes d'ensemble 14 millions de roubles doivent être ajoutées aux recettes, et que, durant les premiers mois de l'exercice en cours, les recettes effectuées ont dépassé les prévisions. Par conséquent, on pourrait évaluer les sommes disponibles pour la guerre à plus de 300 millions R. Si considérable que soit ce montant de plus de 800 millions de francs, il était évident, dès le début, qu'une guerre un peu prolongée ne peut pas être conduite avec ces seuls moyens. On estime très différemment le coût de la guerre (2). Le fait que le transport des troupes et du matériel de guerre a lieu à d'énormes distances, est de nature à augmenter sensiblement le coût des opérations ; d'autre part, on a fait valoir que la guerre se fait sur le territoire russe, et que, pour une portion notable des dépenses, à savoir pour le transport par chemin de fer, l'État lui-même, encaisse les recettes. On a mis en avant toute sorte de chiffres : 1 million par jour pour l'armée, 1/2 million pour la flotte, à quoi il faudrait ajouter les dépenses pour le remplacement du matériel et des munitions, ce qui donnerait un total minimum de 60 millions R.

(1) La *Gazette de Francfort* a calculé le 17 avril que les disponibilités du Trésor s'élevaient à une somme comprise entre 273 et 300 millions R.

(2) Il faut avoir en vue que la guerre est menée par la Russie dans ses territoires, que les dépenses qu'elle provoque sont faites pour la majeure partie dans le pays même et que les gains que donneront à la population la mobilisation et le mouvement des troupes compenseront et au delà les pertes causées par la diminution des crédits du budget ordinaire.

par mois (1). La *Gazette de Francfort* a mis en avant le chiffre de 80 à 100 millions par mois. Une communication officieuse de Saint-Pétersbourg a évalué les dépenses faites au début des hostilités, au 5 avril, à 92 millions 1/2 R., et celles qui seraient nécessaires jusqu'en juin, à 200 millions R.

Une communication du *Messager Officiel* du 5/18 août, indiquait que les crédits ouverts à tous les départements de l'État pour la guerre jusqu'au 16 août, s'élevaient à 257 1/2 millions R., (pour plus de six mois et demi) (2).

La prudence conseillait à la Russie de se créer des ressources nouvelles avant que s'épuisassent celles dont on disposait. Les ressources complémentaires, le Trésor pouvait, sans doute, se les procurer en les

(1) Raphaël-Georges Lévy, dans la *Revue des Deux-Mondes*.

(2) Le traducteur de l'étude de M. Helfferich estime qu'il est très difficile de connaître exactement les dépenses de la guerre, à moins d'être initié aux détails de l'administration. On ne se trompera pas beaucoup, en admettant pour les Russes de 40 à 50 millions R. par mois et de 30 à 40 pour les Japonais. Les dépenses extraordinaires de la guerre contre la Turquie en 1877-1878 ont été pour la Russie de 1.075 millions R. La plus grande dépense, 248 millions, a été pour l'approvisionnement des troupes en vivres et l'entretien des malades, 131 millions pour les fourrages, 123 pour l'équipement des troupes, les fournitures des hôpitaux et ambulances, soit ensemble 49 0/0 des dépenses. La solde des troupes a absorbé 110 millions, le transport des effets et des vivres, 101 millions, le transport des troupes en chemin de fer, 68,5 millions, l'établissement de communications, 55 millions, l'achat d'armes et de munitions, 74 millions, les dépenses pour la flotte, 19,5 millions, la mise en état des forts et des frontières, 15 millions, les dépenses extraordinaires du haut commandement, 41 millions R.

empruntant à la Banque de Russie, qui, à cet effet, émettrait des billets garantis par de l'or. Cette combinaison aurait pu fournir un demi-milliard de roubles et éviter le recours à l'emprunt. Mais on a vu les motifs qui ont fait écarter le recours à la Banque. Il restait donc le choix entre une opération de crédit à l'intérieur ou à l'étranger. On se décida pour un emprunt à l'étranger.

Pendant la guerre contre la Turquie, le gouvernement russe avait suivi une autre tactique financière. Afin de faire face aux dépenses extraordinaires, à côté de quelques réductions de crédits budgétaires, on avait eu recours surtout à la planche aux billets. L'administration financière se fit faire des avances sans intérêt par la Banque de Russie, qui émit, à cet effet, des billets de crédit appelés temporaires, jusqu'à concurrence d'un demi-milliard de roubles. En outre, on contracta des emprunts publics à l'intérieur (emprunts dits d'Orient), libellés en roubles-crédit et au taux nominal de 5 0/0. Il en fut créé 200 millions au printemps de 1877, 300 millions en automne 1878, 300 millions au printemps 1879 (1).

Si le gouvernement russe se décida pour un emprunt étranger afin d'accroître les ressources du Trésor, ce fut, sans doute, par égard pour le marché intérieur russe qui avait encore à supporter les conséquences de la crise de 1900-1902, et qui était aussi éprouvé par les répercussions naturelles de la guerre; il fallait tenir compte notamment, de ce que, dans les

(1) Il faut y ajouter l'emprunt 5 0/0 1877, contracté en or par l'intermédiaire de la maison Mendelssohn, émis à Paris, à Londres et à Berlin, au cours d'environ 80 et converti en 4 0/0 une quinzaine d'années plus tard. (*Note du traducteur.*)

premiers moments, après les hostilités, il y avait eu
un reflux de valeurs russes, placées à l'étranger et
qui avaient dû être reprises par le marché russe. En
outre, un motif pour une opération à l'étranger,
c'est qu'une partie considérable des dépenses doit
être faite à l'étranger, par exemple, les paiements pour
l'achat de navires, d'approvisionnement, de matériel
de guerre de toute espèce. Il faut y ajouter l'accroissement des engagements de l'économie nationale
russe (dettes) à l'étranger, qui résultent de la guerre.
Le besoin extraordinaire de vivres et de chevaux
pour l'armée, est de nature à limiter l'exportation de
ces produits et des chevaux, tandis que le besoin de
matériel de guerre d'une autre espèce augmente l'importation (1). Afin d'éviter que la modification dans
le solde des exportations, (diminution du solde actif)
n'amenât une sortie d'or et une menace pour l'étalon d'or, le Trésor russe ou la Banque de Russie
devaient mettre des effets sur l'étranger à la disposition du marché. C'est ce qui a été fait dans de vastes proportions dans les premiers mois après le commencement de la guerre (2). Ces tirages ont dû naturellement diminuer le solde au crédit chez les correspondants à l'étranger. Et, en effet, le portefeuille de
la Banque de Russie en effets sur l'étranger, et en
avoir à l'étranger, est descendu de 169,1 millions R.
le 1/14 janvier 1904, à 39,9 millions le 16/29 mai. La
diminution dans l'avoir de la Banque de Russie pour

(1) L'administration russe s'est attachée à restreindre le
plus possible les achats à l'étranger ; elle a acheté en Russie les conserves alimentaires. Les commandes pour les chemins de fer n'ont pas dépassé le chiffre habituel de 1 1/2
million à l'étranger (*Note du traducteur*).
(2) Voir *Gazette de Francfort*, du 10 février.

la première moitié de l'année 1904 a été indiquée comme ayant été de 57,6 millions (1).

Voici, au 1ᵉʳ de chaque mois, les chiffres du bilan en millions de roubles :

	Or à l'étranger	Effets sur l'étranger	Or à la Banque	Billets de crédit émis en circulation
Janvier	166,6	8,2	733,0	578,7
Février	175,1	2,7	745,7	598,6
Mars	133,0	3,1	762,7	628,2
Avril	74,7	7,0	771,5	634,8
Mai	40,5	6,7	803,1	648,8
Juin	91,4	4,6	821,9	665,3
Juillet	99,2	1,8	838,8	689,4
Août	84	1,6	863,5	695,3

Parmi les marchés étrangers, le marché français s'offrait le premier à l'attention pour le placement d'un emprunt russe, et cela pour diverses raisons. A côté des relations politiques et de la bonne volonté avec laquelle le capital français avait absorbé des montants très considérables de valeurs russes, il entrait en ligne de compte qu'au moment où l'on envisageait de plus près en Russie un emprunt à l'étranger, le marché des capitaux était à Paris dans une situation d'abondance beaucoup plus grande qu'en Allemagne. Le marché anglais et le marché américain paraissent fermés à la Russie pour des raisons politiques. La France, depuis des mois, avait reçu de très grandes quantités d'or : 1° parce que les prêteurs français avaient peu à peu retiré les capitaux prêtés à court terme à l'Angleterre, et qu'on a évalués à 40 millions de £, ensuite, 2° à cause du rachat du canal de Panama par les Etats-Unis,(environ 200 millions de fr.). Malgré l'abondance d'argent, la guerre et le début peu heureux, pour la Russie ont rendu plus dures les conditions auxquelles le marché français s'est trouvé disposé à prêter le concours de ses capitaux à une opération de crédit. Tandis que le cours de la rente russe 4 0/0, était demeuré, en 1903, aux environs du pair et que dans le courant de juillet 1903, on avait pu émettre à Paris encore 173 millions de fr. d'obligations de chemins de fer au pair, le cours de la rente russe 4 0/0 était tombé immédiatement avant la guerre à 96 et jusqu'à la fin d'avril à 92. Le fait que la Russie avait recours au marché pour une grosse opération de crédit devait, disait-on, peser davantage encore sur le cours des titres russes. La Russie avait à tenir compte de ces circonstances.

L'administration financière russe ne se refusa pas à consentir au syndicat de banques et banquiers français, avec lequel elle entama en avril des pourparlers en vue d'un emprunt, les conditions de taux d'intérêt que la situation imposait ainsi que les avantages que justifiait le risque de prise ferme et d'émission. Cette accommodation aux conditions du marché et une certaine facilité à l'égard des institutions de crédit dont le concours est indispensable pour le placement d'un emprunt, font partie des traditions de la politique financière de la Russie, qui a su, au prix de sacrifices momentanés, s'assurer des avantages durables. L'appréciation du chef d'une des plus grandes maisons de Londres, reproduite par la *Nouvelle Presse Libre de Vienne* (6 mai 1904), est que le gouvernement russe est le seul qui comprenne l'art de travailler sur un grand style avec les banques, cette appréciation n'est pas isolée.

D'autre part, l'administration russe, n'était pas disposée à se lier pour longtemps à un taux d'intérêt

élevé imposé par les circonstances (1). En outre, de
cette raison qui militait en faveur d'un emprunt à
courte échéance, il fallait autant que possible empêcher que le nouvel emprunt servît uniquement à un
échange des anciens contre les nouveaux titres (c'est
ce qu'on appelle le danger d'un déclassement par
arbitrage). Un pareil échange n'aurait pu se faire sans
exercer une pression sur le cours des fonds russes
ni sans nuire d'une façon durable au crédit russe.
Dans une certaine mesure ce danger pouvait être
écarté par l'émission d'un emprunt à courte échéance,
remboursable au pair après quelques années ; ces
bons du Trésor, à cause du moment rapproché de
l'échéance au pair, même avec une amélioration considérable des conditions de crédit de l'État débiteur,
ne peuvent pas beaucoup dépasser le pair. Les porteurs de ces bons du Trésor ne peuvent pas compter
sur une hausse des cours comme celle que peuvent
attendre à peu près sûrement les porteurs d'emprunts

(1) Voici ce que disait un communiqué du ministère des
Finances : « Parmi les moyens à employer pour pourvoir
aux dépenses de la guerre, le ministre des Finances croit
devoir faire choix d'une émission d'obligations à court
terme, destinée à accroître les ressources du Trésor et à
augmenter nos disponibilités métalliques. C'est à cet effet
que sont créés, en vertu de l'Oukase impérial du 29 avril
1904, les Bons 5 0/0 à 5 ans de 1904. Le taux relativement
élevé, sans être, cependant excessif, auquel est réalisée
cette émission, tient à l'état de guerre, où nous nous trou-
vons, et le terme rapproché de cinq ans fixé pour son remboursement, au désir du gouvernement de ne pas se lier les
mains par un engagement de longue durée pris dans une
période de complications politiques. On se propose de rembourser cet emprunt sur le produit d'une émission à réaliser dans des conditions moins onéreuses, lorsque la Russie, avec l'aide de Dieu, aura recouvré les bienfaits de la
Paix. »

à longue échéance, après le rétablissement de la paix. Les porteurs des anciens emprunts russes qui auraient vendu ceux-ci pour acheter les nouveaux bons du Trésor se seraient privés de l'espérance de regagner, par une hausse ultérieure des Bons du Trésor, la perte subie sur la vente des anciens emprunts.

Ces considérations ont déterminé l'administration russe à renoncer d'émettre un emprunt à longue échéance et à se procurer les ressources nécessaires par la création de Bons du Trésor à cinq ans, dont le remplacement se ferait ultérieurement par un emprunt consolidé (oukase du 30 avril-13 mai 1904).

Le nouveaux Bons du Trésor, dont le montant a été fixé à 300 millions R. = 800 millions de francs, sont en appoints de 187 R. 50 = 500 francs, et de 1875 R. = 5.000 francs. Les intérêts de 5 0/0 l'an sont payables par semestre, contre détachement de coupons le 1/14 mai et le 1/14 novembre de chaque année. Le premier coupon est à l'échéance du 1/14 novembre 1904. Les bons sont remboursablés au pair le 1/14 mai 1909. Le gouvernement s'est interdit de rembourser ces bons avant cette date. Ces bons, qui sont exempts à tout jamais de tout impôt russe, sont dotés de certains privilèges : ils sont acceptés en cautionnement pour les fournitures à la couronne, pour les garanties de paiements de droits d'accise et de douane. Un droit de préférence est réservé, aux conditions de l'émission publique, à la souscription de l'emprunt de consolidation qui pourrait être émis par le gouvernement russe dans les six mois qui précèderont le 1/14 mai 1909, date de l'échéance des bons ; ceux-ci pourront être donnés en paiement des souscriptions pour leur montant nominal, augmenté de la portion du coupon couru. En outre, si le gouvernement russe décidait avant le 1/14 mai 1909 l'émission en France d'emprunts à long terme, les porteurs de Bons du Trésor auront un droit de préférence pour la souscription en espèces et aux conditions de l'émission publique de ces empunts.

Le syndicat des banques et banquiers sous la conduite de la Banque de Paris et des Pays-Bas, du Crédit Lyonnais et de la maison Hottinguer et Cie, a pris ferme 400 millions de francs de Bons du Trésor, et pour les 400 autres millions, il s'était réservé un droit d'option, dont il a fait usage. Le prix auquel les Bons du Trésor russe devaient être offerts au public fut fixé à 99 0/0 ; l'emprunt a été décompté aux banques et banquiers du syndicat à 97 1/2. Toutefois, le gouvernement russe prit à sa charge les frais d'émission avec 2 0/0, si bien que le produit net pour le gouvernement russe ne ressortirait guère qu'à 95 1/2; cela mettrait donc le taux d'intérêt aux environs de 6 0/0, étant donné l'obligation de rembourser au pair après cinq années.

Les capitalistes français ont absorbé les 800 millions avec une étonnante facilité. Les banques et banquiers du syndicat n'ont pas eu besoin de procéder à l'émission publique des Bons du Trésor sur le marché, ils ont pu les placer directement dans leur clientèle. Tout au plus, la huitième partie, 100 millions, aurait été achetée pour compte de capitalistes non français. On n'a pu éviter une dépression temporaire des fonds russes, et cela d'autant plus, que l'émission des Bons du Trésor a coïncidé, avec la nouvelle d'importants succès remportés sur terre par l'armée japonaise.

Le nouvel emprunt représente pour la Russie une

augmentation de 4 1/2 0/0 de la dette publique et une augmentation de la charge annuelle de la dette de 15 millions R., soit 3/4 0/0 des dépenses du budget rectifié de 1904.

L'emprunt a porté de 300 à 600 millions R. environ les ressources disponibles pour la guerre. Une partie du produit de l'emprunt semble avoir été incorporée dans les sommes en or de la Banque de Russie à l'étranger, qui, du 16-29 mai au 8-21 juin, ont progressé de 39,9 à 108,7 millions de roubles.

Comme cela a été déclaré à plusieurs reprises durant les négociations, il n'entrait pas dans les vues de l'administration russe de faire rentrer une partie importante du produit de l'emprunt en Russie, mais plutôt de laisser celui-ci à l'étranger pour y faire face aux dépenses (1).

(1) Au prix d'émission, le placement pour le public est ressorti à 5 1/4. Les versements de libération ont été de 100 francs le 16 mai, 195 fr. le 19 mai, 200 fr. le 5 septembre. Avant même que le prix d'émission ou plutôt de vente ne fût connu, les demandes affluèrent dans de telles proportions, que l'opération fut couverte d'avance par le public. Le *Journal des Débats* constata le 15 mai, que l'émission des bons du Trésor, sans souscription, a eu le plus grand succès. Les banquiers arrêtèrent un moment la vente, ce qui fit affluer des ordres de la part des hésitants et des retardataires. Le succès fut d'autant plus remarquable, que l'opération s'effectua dans un moment peu favorable. La spéculation n'y prit aucune part, et les titres se trouvèrent classés d'emblée dans les portefeuilles qui les conservent comme placement. Ce résultat est facile à expliquer : personne, même parmi les plus pessimistes, ne songea à mettre sérieusement en doute la solvabilité de la Russie, qu'on sait être en mesure de faire face à ses engagements ; on considéra l'emprunt actuel, surtout comme un emprunt de précautions, destiné à renforcer les réserves d'or. La facilité avec laquelle l'emprunt fut placé prouve la confiance dans le crédit russe et l'abondance des

Si les estimations fixant le coût de la guerre à 80 ou 100 millions R. par mois sont exactes, l'emprunt contracté par la Russie en France ne couvrira que les besoins d'un trimestre. Dans cette hypothèse, on a considéré l'emprunt français comme un premier pas, que d'autres devraient suivre. Déjà pendant les négociations sur la cession des Bons du Trésor, on a conclu de ce que des maisons allemandes ne faisaient pas partie du syndicat, que le gouvernement russe voulait se réserver le marché allemand pour un autre emprunt, et aussitôt après la conclusion des négociations avec le groupe français, des journaux ont annoncé que dès le milieu de mai, la Russie était entrée en contact avec un syndicat allemand en vue de l'émission de 300 millions de francs de nouveaux Bons du Trésor. Des bruits semblables ont circulé notamment en juillet, au moment où M. de Witte a rendu visite au chancelier de l'Empire d'Allemagne à Norderney ; la conclusion du traité de commerce russo-allemand fut mise en relation immédiate et directe avec un emprunt russe en Allemagne. Cette fois encore on citait des chiffres tout à fait précis, tantôt 400 millions, tantôt 250 millions M. Ces bruits

disponibilités. Il n'y eut pas de déclassement. L'encaisse or de la Banque de France augmenta vers ce moment de 316 millions en six semaines, pour arriver à 2.735 millions de francs. On sait que les États-Unis ont reçu du Japon 27.790.000 dollars en or du 1er décembre 1903 au 7 mai 1904. Ils s'en sont servi pour payer la participation qu'ils avaient prise à l'emprunt japonais, émis à Londres. Comme le marché de Londres avait des remises à faire à Paris, ainsi que l'indiquait les cours des changes, la compensation a été faite. L'or américain, au lieu d'aller à Londres, est venu à Paris. En définitive, dans l'or mis par la France à la disposition de la Russie, il y a eu de l'or japonais qui avait transité par les États-Unis. (*Note du traducteur.*)

ont toujours été promptement démentis, du côté russe, avec l'indication que l'administration avait encore pour longtemps des moyens suffisants à sa disposition pour la couverture des frais de la guerre. Même abstraction faite de cela, selon toute vraisemblance, la Russie attendra le plus longtemps qu'elle pourra avant de recourir de nouveau au crédit à l'étranger (1).

Par contre, au mois d'août, la Russie pour augmenter les ressources du Trésor impérial, a procédé à l'émission d'un emprunt intérieur. En vertu de l'oukase du 30 juillet-12 août 1904, il fut ordonné d'émettre des Bons du Trésor, en six séries de 25 millions R. chacune, soit ensemble 150 millions R. Ces Bons du Trésor russe, qui ressemblent aux Bons du Trésor allemands, et qui ont aussi le caractère d'instruments de paiement, de billets de caisse, sont une spécialité de la Russie. Ils ont une durée de plusieurs années, avec un intérêt médiocre ; les caisses publiques et la Banque de l'Etat les reçoivent en paiement au pair ; les bons sont acceptés au pair comme cautionnement dans tous les contrats de fournitures et de travaux et dans tous les engagements pris envers le Trésor. Il y avait en circulation depuis 1902, 100,5 millions de roubles de ces séries de Bons du Trésor, qui rapportaient 3 0/0. Les nouveaux Bons du Trésor se distinguent de ceux des séries en circulation par deux avantages pour les porteurs : les arrérages sont payables par semestre au lieu de l'être une fois par an, et le taux d'intérêt est de 3,60 0/0 au lieu de 3 (2).

(1) D'après le *Bulletin russe de statistique financière* (1904, I, page 10), le total des dépenses jusqu'au 31 décembre sera de 500 millions R. au moins, de 600 millions R. au plus.

(2) De 1860 à 1880, le solde en circulation des bons du

Les arrérages de ces bons sont affranchis de la taxe sur le revenu des valeurs mobilières. Les coupures sont de 50 roubles, au lieu d'être de 100 roubles. Toutes ces modifications sont faites pour rendre plus facile la circulation de ces billets. Les bons ont été émis pour une durée de quatre années ; le remboursement de ces bons s'effectuera à l'expiration ou dans le courant de quatre années, selon qu'il conviendra au gouvernement. Cela indique l'intention ou de les rembourser ou de les remplacer par un emprunt à long terme.

Le placement de ces titres avait lieu par la vente aux guichets de la Banque de Russie et des Trésoreries locales. Comme ils sont reçus comme espèces au pair, aux caisses publiques, ils servent aussi à des paiements entre particuliers, qui les apprécient, d'ailleurs, parce que le cours n'en est soumis à aucune fluctuation. La nouvelle émission a été jusqu'à concurrence de 100 millions de roubles, prise ferme par un syndicat de banques pétersbourgeoises, 50 millions ont été placés par la vente directe au public.

Avec l'émission de ces 150 millions de roubles de Bons du Trésor, les ressources à la disposition du gouvernement russe pour la guerre ont été portées à 750 millions R. Si les frais de la guerre s'élevaient, comme on l'a dit, à 80 millions R. par mois, ce montant ne durerait pas au-delà d'octobre, mais cela n'est pas le cas d'après les indications du gouvernement

Trésor, a approché plus d'une fois de 200 millions ; pendant la période 1884-1889, il a atteint 240 millions, pour retomber en 1900 à un peu plus de 100 millions. En Russie les bons émis à Paris en mai 1904, sont désignés non comme bons, mais comme obligations à court terme.

russe. Le *Messager Officiel* s'est exprimé en ces termes :

« Le produit de l'emprunt à émettre en vertu de l'oukase impérial du 30 juillet 1904, est destiné à pourvoir aux dépenses futures de la guerre avec le Japon. L'emprunt n'a pas pour objet de faire face à des dépenses effectuées ni engagées, mais de fournir des ressources pour un avenir qui n'est pas même prochain... Les disponibilités du Trésor au 1er janvier 1904 et les réductions décrétées en cours d'exercice sur les crédits ouverts par la loi de finances de 1904, constituaient, avec l'appoint de quelques autres ressources, un total de 300 millions entièrement applicables aux besoins de la guerre. Or, au 3/16 août, les crédits affectés à ces besoins ne s'élevaient encore pour tous les ministères qu'à un total de 257 1/2 millions de roubles. Il n'y a pas eu lieu, par suite, de toucher au produit des 800 millions de francs d'obligations à court terme réalisées en France. Dans cette situation l'émission d'un nouvel emprunt s'explique par cette double raison que, en temps de guerre, il importe plus que jamais de maintenir ses ressources pécuniaires à un niveau suffisant et que les Bons du Trésor ne se réalisent et surtout ne se classent, qu'avec le temps. »

Ces explications ont rencontré du scepticisme, parce qu'on n'a pas voulu croire que le gouvernement russe aurait accepté les conditions relativement défavorables de l'émission des Bons du Trésor à Paris, si le besoin d'argent avait été réellement assez peu pressant pour qu'au milieu d'août, il n'ait pas encore fallu entamer le produit de cette opération. On s'est également servi des modifications dans le chiffre de l'avoir en or de la Banque de Russie chez ses correspondants, comme d'un argument contre le communiqué du *Messager Officiel*. Il convient cependant de faire remarquer que le transfert d'une partie du produit de l'émission au compte du Trésor à la Banque, n'équivaut pas encore à une dépense effectuée pour la guerre. Si réellement jusqu'au 16 août, les dépenses pour la guerre, n'ont pas dépassé 257 1/2 millions, il en résulte que le coût en a été généralement estimé trop haut ; car cette somme ne répond qu'à une dépense mensuelle d'environ 40 millions.

Il reste à examiner la question de savoir dans quelle mesure l'administration russe a eu recours jusqu'ici à la Banque de Russie, pour se procurer les ressources indispensables. Le gouvernement russe a déclaré à maintes reprises qu'il ne mettrait à contribution ni l'encaisse d'or, ni le droit d'émission de la Banque pour couvrir ses besoins, et cela afin de ne pas épuiser prématurément les moyens à sa disposition, et pour ne pas compromettre la *valuta*, mais on ne saurait tabler sur ces déclarations pour dire que le gouvernement se passera de tout concours de la Banque pour ses opérations financières, alors qu'il a recours à celle-ci en temps de paix. Dans les périodes normales, l'administration financière fait faire une grande partie de ses affaires de caisse par la Banque, et dans ce but elle conserve un compte courant considérable, dont le montant varie suivant les besoins de caisse et les soldes. Il suffit de nous rappeler qu'à la *Reichsbank*, les comptes gouvernementaux en 1900 ont varié entre 291,2 et 110,3 millions M., en 1899 entre 305,8 et 90,6 millions, en 1898 entre 231,0 et 84,2 millions de marks. Personne n'a pu s'attendre à ce que l'administration russe, après le commencement de la guerre, immobiliserait complètement son solde créditeur à la Banque, d'autant moins que l'utilisation des disponibilités du Trésor pour les dépenses de la guerre ne peuvent se faire sans employer le compte courant créditeur du Trésor à la Banque. Car le solde disponible du Trésor n'est pas un fonds spécial, conservé effectivement en espèces, mais c'est une quantité de comptabilité, qui se compose de l'encaisse du Trésor et des dépôts après déduction des sommes à payer sur les crédits en cours. Un emploi des disponibilités du Trésor ne peut pas se faire sans influer sur le compte courant du gouvernement à la Banque.

La modification survenue dans le bilan de la Banque qui a le plus attiré l'attention et qui a été le plus faussement interprété, c'est l'augmentation graduelle du chapitre de l'émission au passif. Avant la guerre, le bilan indiquait une émission de billets de 630 millions. Peu avant la rupture, le 1/14 janvier, l'émission fut accrue de 50 millions, puis en mars, mai, juin, deux fois en août, et enfin au début de septembre, elle fut augmentée chaque fois de 20 millions R., si bien que le total de l'émission depuis le commencement de la guerre a été augmenté de 170 millions R. et s'élève actuellement à 800 millions R.

Le montant de l'émission dans le bilan n'est pas identique avec le montant de la circulation ; il contient aussi l'encaisse en billets de la Banque, des succursales et comptoirs, et des Trésoreries locales. Il faut déduire les billets de l'encaisse, figurant à

(1) Le chiffre de l'émission est supérieur à celui de la circulation effective dans le public des billets de la Banque. Celle-ci, comme la Banque d'Angleterre, fait figurer à son passif la totalité des billets créés par elle et, à son actif, le montant de ceux de ces billets qui se trouvent dans les caisses de la Banque et de ses succursales.

l'actif, du total de l'émission au passif, pour avoir le montant en circulation. Celui-ci, du 1/14 janvier au 1/14 septembre 1904, a progressé de 578,7 à 749,4 millions de roubles, soit une augmentation de 170,7 millions. D'autre part, en face de cette augmentation de l'émission de billets, il faut placer l'accroissement de l'encaisse métallique, qui a progressé (or et argent), de 806,6 à 935,6 millions R., l'encaisse-or seule s'est accrue de 732,9 à 845,5 millions R., c'est-à-dire de 121,6 millions. Il en résulte qu'au point de vue de la composition de la circulation monétaire intérieure, il s'est produit une modification : il est rentré de l'or à la Banque, contre lequel il a été pris des billets.

Dans le premier semestre, l'augmentation de la circulation des billets a été de 110,6 millions R., contre lesquels l'augmentation de l'or a été de 105,9 millions de roubles ; sur les 105,9 millions, 94,9 sont rentrés de la circulation intérieure, le reste d'achats de l'or produit en Russie. Pour le premier semestre, la Banque indique la modification suivante :

	1er janvier 1904	1er juillet 1904
Circulation métallique	906,8	793,3
Circulation fiduciaire	578,7	689,3
Total	1.485,5	1.482,6
Rapport du métal à la circulation totale	61,0	53,5

Il nous est impossible de juger dans quelle mesure cette modification remarquable est due à des mesures artificielles. En tout cas, du point de vue de l'administration financière russe, elle ne pouvait être que souhaitée. L'or répandu dans la circulation libre, dans des millions de poches et de caisses, n'est pas saisissable pour les besoins de la guerre, ni utilisable comme l'or dans les caisses de la Banque ; une concentration de l'or jusque-là en circulation équivaut,en quelque sorte, à une mobilisation monétaire.

Il est certain qu'une grande institution d'émission a des moyens pour influer sur la répartition de la circulation et sur la composition de celle-ci ; elle a, dans des limites très larges, la faculté de payer dans les espèces qu'elle veut mettre en circulation. La Banque de Russie a fait amplement usage de cette capacité d'influencer la composition de la monnaie, lorsqu'il s'est agi de saturer le pays jusque-là habitué au papier-monnaie, avec de l'or (1). Mais justement l'opiniâtreté avec laquelle le public a préféré les billets à l'or, permet de supposer que la Banque n'a pas eu beaucoup de peine pour remplacer l'or par des billets. Les journaux russes ont fait ressortir que la guerre en Extrême-Orient augmentait la demande de billets de crédit, et cela à cause de la plus grande facilité du transport ; il était plus commode d'en pourvoir les troupes et la trésorerie de l'armée en campagne.

Afin d'apprécier les relations de l'Etat et de la Banque, et de se rendre compte de l'effet de la guerre, il faut considérer d'autres points encore, que cette augmentation de l'encaisse et de la circulation. Il faut voir les changements dans le portefeuille des effets sur l'étranger, dans le solde au crédit chez les

(1) Le *Bulletin Russe de Statistique* en 1897 a constaté que la Banque de Russie offrait le spectacle unique au monde d'une banque d'émission, s'ingéniant à faire entrer dans la circulation de belles pièces d'or bien neuves et contenant exactement le poids fin qu'elles doivent contenir.

correspondants à l'étranger, ainsi que dans les avances aux particuliers.

Le portefeuille de la Banque en effets or sur l'étranger, et l'avoir en or chez les correspondants a été au 1/14 janvier 1904 de 169,1 millions, de 39,9 millions le 16/29 mai, de 100 millions le 1/14 juillet, et de 105,4 millions le 1/14 septembre. La diminution du 1/14 janvier au 1/14 juillet est de 69,1 millions, jusqu'au 1/14 septembre de 63,7 millions. Par là, l'accroissement du stock total en or et en créances-or immédiatement réalisables est réduit : pour le premier semestre, la plus-value est seulement de 36,8 millions, jusqu'au 1/14 septembre de 57,9 millions. Cela ferait ressortir que la circulation des billets a dépassé les rentrées d'or de 73 millions jusqu'au 1ᵉʳ juillet, de 112 millions jusqu'au 1ᵉʳ septembre. Cette augmentation ne trouve pas son application dans un accroissement des crédits faits aux particuliers, ni dans une diminution des dépôts des particuliers. Le portefeuille et les avances sur nantissement ont diminué de 82 millions jusqu'au 1ᵉʳ juillet, de 83,6 millions jusqu'au 1ᵉʳ septembre, tandis que les comptes des particuliers ont augmenté de 17, respectivement de 21,8 millions. Ces modifications auraient dû augmenter le stock d'or et de créances-or de la Banque en face de la circulation ; si cela n'a pas été le cas, c'est, sans doute, par suite de la guerre, c'est-à-dire des besoins de l'Etat. Effectivement, si l'on réunit le compte du Trésor à la Banque et les comptes des Trésoreries locales pendant le premier semestre, on constate une diminution du compte de l'Etat de 129 millions, cette diminution a même été de 174 millions le 16/27 mai (1).

(1) Un communiqué officiel a expliqué que les émissions

Les changements survenus dans le compte du Trésor à la Banque, n'ont pas pris, jusqu'ici, des proportions extraordinaires. La diminution des sommes appartenant à l'Etat dans le premier semestre, n'a rien d'inusité, c'est un phénomène habituel. En tout cas, il faut remarquer que, justement avant la guerre, les comptes du Trésor à la Banque avaient été renforcés et qu'ils se sont maintenus au-dessus du niveau de 1903. Vu les relations étroites entre les disponibilités du Trésor et le solde du compte du Trésor, cela n'a été possible qu'en portant au crédit de ce compte de temps à autre des sommes prises sur le produit des emprunts. Jusqu'à présent, le gouvernement n'a donc pas eu d'exigences extraordinaires à l'égard de la Banque. Le bilan de celle-ci est actuellement encore des plus forts, et malgré une augmentation de l'émission fiduciaire, il ne montre pas d'affaiblissement relativement à la situation au début de l'année.

Le tableau ci-dessous montre les modifications dans divers chapitres du bilan :

faites, à l'exception de 40 millions émis, en août, pour les besoins de *saison* du commerce et de l'agriculture en automne, avaient été motivées en majeure partie par les prélèvements considérables que, pour les besoins de la guerre, le Trésor avait fait au débit de son compte-courant. Au 1ᵉʳ février 1904, le solde créditeur du Trésor à la Banque de Russie était de 419,4 millions R., au 1ᵉʳ juillet 1904, il n'était plus que de 299,4 millions R., soit une diminution de 120 millions R. Afin d'avoir un tableau exact des relations de l'administration financière et de la Banque, il faut considérer, en dehors du compte du Trésor à la Banque, l'état des comptes-courants entre les filiales de la Banque et les trésoreries locales.

1904	Traites sur l'étranger.	Avoir chez les correspon-		Circulation des	Excédent de l'or sur les	Compte du
	Total	dants	Total	billets	billets	Trésor
1/14 janvier...	732,9	169,1	902	578,7	323,3	382,2
16/29 mai......	812,6	39,9	852,5	656,0	196,5	209,3
8/21 juin......	826,4	108,7	935,1	673,6	261,5	249,9
1/14 juillet....	838,8	100,0	938,8	689,3	249,5	253,3
1/14 septembre	854,5	105,4	959,9	749,4	210,5	271,9

Le stock d'or et de créances-or immédiatement réalisables comporte environ 960 millions R. (plus de 2 1/2 milliards de francs), et l'émission des billets, dans les limites légales, peut être augmentée de 520 millions de roubles, soit 1.400 millions de francs. Même en allant jusqu'à la limite extrême de l'émission, avec le stock d'or existant, la couverture des billets en or serait encore de 75 0/0, alors que pour la Reichsbank la loi exige une couverture de 33 0/0 en espèces (or, thalers, monnaie divisionnaire, billets de caisse de l'Empire), et que la couverture effective en or des billets émis par la Banque a été en moyenne de 50 0/0. Il faut prendre en considération qu'en dehors de l'or de la Banque, le Trésor a des sommes considérables à son crédit en or et en créances-or. L'avoir du Trésor au 1/14 août est de 272,2 millions de roubles (1), contre 158 millions R. au 1er février.

(1) Après six mois de guerre avec le Japon, on voit qu'au 1er février 1904, le stock d'or, y compris les disponibilités, de la Banque à l'étranger s'élevait à 915,1 millions, la circulation effective à 598,6 millions ; au 1er août 1904, le chiffre de la circulation des billets était porté à 695,3 millions R., mais en revanche le total du stock d'or atteignait 948,7 millions. Le rapport du stock or au montant des billets en circulation était de 136,4 0/0. En outre, il a été formé en Extrême-Orient un fonds d'échange de plus de

Cet avoir se compose de lingots d'or, d'or monnayé déposés à la Monnaie de Saint-Pétersbourg, et de soldes créditeurs dans des maisons de banque et des institutions de crédit à l'étranger.

Abstraction faite de ce que jusqu'ici la guerre n'a imposé à la Russie qu'une augmentation très modérée de sa dette, en comparaison du montant de celle-ci, et en proportion de son budget, de ce que jusqu'ici la Russie n'a pas augmenté ses recettes par des impôts de guerre, que le Trésor dispose encore de sommes très considérables à l'étranger, y compris le produit de l'emprunt fait à Paris, il est incontestable que l'administration financière russe possède dans son stock d'or et le droit d'émission de la Banque, une réserve très forte, qui semble appropriée à faire passer le gouvernement par dessus les difficultés passagères qu'il éprouverait à se procurer les ressources nécessaires à la guerre.

2.130 quintaux métriques d'argent au titre de 998 millièmes pour acheter des billets de crédit avec le métal qui, dans ces régions, constitue le principal médium circulant.

Conformément à la loi du 29 août 1897, les 600 premiers millions R. de billets doivent être couverts par de l'or jusqu'à concurrence de 50 0/0 de leur montant ; toute émission ultérieure doit être représentée rouble pour rouble par de l'or dans les caisses de la Banque. Au 1er août dernier, la Banque de Russie eût pu avoir en circulation 553 millions R. de plus.

Les mesures financières de guerre au Japon.

Examinons maintenant les mesures financières du Japon. Le budget pour 1903-1904 (ordinaire et extraordinaire) avait estimé les recettes à 251,7 millions, les dépenses à 244,8 millions de yens. La dette à la fin de mars 1903 s'élevait à 559,6 millions ; depuis 1895, elle avait augmenté de 264 millions ou 80 0/0. En dehors de quelques fonds spéciaux qui pouvaient être employés à couvrir une modeste partie des dépenses de la guerre, le gouvernement japonais n'avait à sa disposition rien qui ressemblât aux formidables disponibilités du Trésor russe. La Banque du Japon, d'après le bilan du 9 janvier 1904, avait une encaisse or de 115,7 millions de yens, contre une circulation de 214,8 millions. Les engagements immédiats de la Banque s'élevaient seulement à 15,5 millions, d'autre part, la Banque avait avancé à l'Etat 54,3 millions.

Etant donné l'absence de ressources disponibles considérables et la situation pas très forte de la Banque, le gouvernement dut prendre de bonne heure des dispositions pour couvrir le coût de la guerre.

Au moment où les relations avec la Russie se tendaient au point qu'une solution pacifique paraissait à peine possible, le gouvernement se trouva dans l'impossibilité de faire voter en temps utile le budget 1904-1905. Déjà l'année précédente, malgré l'empressement que le Parlement avait mis à voter les dépenses extraordinaires nécessitées par le grand programme militaire et naval, les relèvements d'impôts, que le gouvernement considérait comme nécessaires, avaient rencontré une vive résistance dans la Chambre. La résistance se dirigeait surtout contre le relèvement de l'impôt foncier, qui fut voté seulement après une dissolution de la Chambre et encore pour cinq ans seulement, de 1899 à 1903. L'intention du gouvernement de maintenir l'impôt foncier majoré jusqu'en 1913-1914, conduisit à de nouveaux conflits avec les représentants du peuple, lesquels empêchèrent le vote du budget de 1902-1903, et de 1903-1904. La constitution japonaise prévoit que, si le budget ne peut être préparé d'une façon légale, il faut prendre pour base le budget de l'année précédente, avec les modifications qui semblent exigées par des lois spéciales ou des conditions spéciales. C'est ce que l'on a fait. Cependant, il a été voté des budgets additionnels qui ont modifié le budget primitif. Après que le gouvernement en 1903 eut renoncé à une perception de l'impôt foncier surélevé, on ne réussit pas à discuter le budget de 1904-1905, la Chambre ayant été dissoute le lendemain de sa réunion. Il aurait donc fallu prendre pour base du budget de 1904-1905, de nouveau le budget antérieur.

Les événements politiques modifièrent les conditions. Le danger de guerre exigeait la mise à la disposition de l'Etat de sommes considérables. Le 28 décembre 1903, l'Empereur signa un décret qui autorisait le gouvernement à utiliser les fonds spéciaux, à émettre des Bons du Trésor et à contracter des emprunts.

Sur cette base, on se procura les capitaux nécessaires pour les préparatifs de guerre et les premières semaines de la guerre, et cela de la façon que voici : Jusqu'à la fin de mars, il fut prélevé 25 millions de yens sur différents fonds spéciaux, on se procura 100 millions par l'émission de Bons du Trésor et 31 millions par d'autres dettes flottantes, ensemble 156 millions.

En mars, la Chambre fut convoquée en session extraordinaire pour sanctionner rétrospectivement par une loi d'indemnité les mesures prises et voter les dépenses nécessaires pour la guerre, ainsi que les moyens de les couvrir. Elle s'acquitta de sa besogne en peu de jours. Voici le tableau des finances de guerre du Japon. Tout d'abord le budget de la guerre est séparé du budget ordinaire. Le budget ordinaire de 1904-1905 a subi des réductions :

RECETTES :

a) Recettes ordinaires :

	1904-05	1903-04	Différence
	millions de yens		
Impôts	143,9	158,5	— 14,6
Timbres	13,9	13,5	+ 0,6
Produit des exploitations.	52,5	52,7	— 0,2
Recettes des fonds spéciaux et divers	7,3	7,1	+ 0,2
	217,6	231,8	— 14,2
b) Recettes extraordinaires	12,3	19,9	— 7,6
Total	229,9	251,7	— 21,8

DÉPENSES :

	1904-05	1903-04	Différence
Ordinaires	171,7	178,5	— 6,8
Extraordinaires	51,5	66,3	— 14,8
Total	223,2	244,8	— 21,6
Excédent	6,7	6,9	— 0,2

Les moins-values prévues aux impôts sont dues à l'entrée en vigueur avec le budget de 1904-1905 d'un impôt foncier dégrévé, qui rapporte 10 millions de moins ; en outre, il a été prévu moins de rendement pour l'impôt du sucre et du saké, par suite d'une moindre consommation. Aux dépenses, les économies ont été obtenues surtout par l'ajournement de travaux publics.

Le budget de guerre, créé à côté du budget ordinaire, fut arrêté comme suit :

Tout d'abord, les dépenses de guerre de 156 millions de yens, ordonnées par le décret du 28 décembre 1903, furent approuvées, puis il fut voté pour les dépenses de l'année courante 1904-1905, 380 millions de yens, enfin, 40 millions de yens de dépenses imprévues furent votées sous la rubrique énigmatique : « Pour affaires diplomatiques et autres. » Ensemble jusqu'au 31 mars 1905, les besoins de la guerre furent estimés à 576 millions de yens.

A la fin de mars, 131 millions avaient été obtenus par la voie du crédit, 25 millions par le prélèvement sur des fonds spéciaux. Quant aux 420 millions restants, on prévit les moyens de couverture que voici :

1° Impôts de guerre. Le gouvernement proposa un relèvement de l'impôt foncier, de l'impôt sur le revenu, sur les patentes, des droits de consommation sur le sucre, les boissons et de quelques droits de douane ; une extension du monopole du tabac, qui jusqu'ici avait été limité aux tabacs en feuille, au tabac coupé et aux cigarettes, enfin, des impôts nouveaux sur le sel, le pétrole, les tissus de laine. Toutes ces propositions, à l'exception des impôts sur le sel et la soie, furent votées ; les impôts de guerre furent mis en vigueur le 1er avril 1904, et doivent rester en vigueur un an après la fin de la guerre. Au mois de juillet 1904, le monopole a été étendu aux cigarettes, en avril 1905 il sera étendu au tabac coupé. Le produit des nouveaux impôts est estimé à 68 millions de yens ;

2° Des réductions de crédit ont été faites dans le budget de 1904-1905, ces économies avec les excédents d'exercices clos sont estimés à 47 millions ;

3° 25 millions de yens sont pris sur les fonds spéciaux ;

4° Le solde non couvert de 280 millions sera couvert par des opérations de crédit.

Les ressources réunies à la fin de mars 1904 ainsi que les crédits ouverts, donnent le tableau que voici :

	Millions de yens
Nouveaux impôts, surtaxes	68
Excédents d'exercices clos, réduction de dépenses	47
Fonds spéciaux	50
Emprunt publics	380
Autres emprunts	31
	576

Il est prématuré de juger déjà en quelle mesure les impôts de guerre et les réductions de dépenses, ensemble avec les excédents de recettes des budgets antérieurs, répondront aux prévisions, et comment l'économie nationale japonaise pourra supporter le relèvement considérable des charges fiscales (68 millions d'impôts de guerre superposés sur 144 millions de yens d'impôts du budget ordinaire, dans quelle mesure enfin les sommes prévues et les recettes accordées suffisent réellement à couvrir les dépenses de guerre jusqu'à la fin de mars 1905. Nous devons nous borner à constater par quelles voies et dans quelles conditions le Japon s'est procuré les sommes pour lesquelles des crédits d'emprunt avaient été ouverts, et qui représentent plus des trois quarts de 576 millions.

Le gouvernement japonais a fait usage de l'autorisation donnée par le décret du 28 décembre 1903, de contracter des emprunts en émettant, immédiatement après le début des hostilités, 100 millions de Bons du Trésor 5 0/0, sur le marché intérieur. Le cours d'émission a été fixé à 95 0/0. Il aurait été souscrit, dit-on, sur cet emprunt 450 millions. Le premier souscripteur aurait été S. M. le Mikado lui-même, et les domestiques et ouvriers auraient participé à la souscription.

Le Japon fit suivre en mai cet emprunt intérieur d'un emprunt étranger. Il avait intérêt, pour les mêmes raisons que la Russie, qui plaçait à la même époque un emprunt à Paris, à recourir au crédit à l'extérieur. En dehors de la considération qu'il devait avoir pour son marché intérieur, il y avait le fait que la guerre imposait à l'État japonais de gros paiements en Europe et en Amérique pour la fourniture de navires et de matériel de guerre. Des sorties considérables d'or, dont nous parlerons plus loin, s'étaient faites d'une façon menaçante avant le commencement de la guerre, et la conclusion d'un emprunt étranger parut le seul moyen pour arrêter la fuite de l'or. Des pourparlers avec des maisons anglaises et américaines aboutirent à l'émission de Bons du Trésor 6 0/0, pour un montant de 10 millions £, environ 100 millions de yens. La moitié de l'emprunt fut émise à Londres par un syndicat dont firent partie la *Hong-*

Kong et *Shanghaï Banking Corporation*, la *Yokohama Specie Bank*, et la *Parr's Bank* ; l'autre moitié
fut prise par un syndicat américain composé de la
maison Kuhn Loeb, la *National City Bank* et la *Bank
of Commerce*. Les Bons du Trésor sont à rembourser au plus tard le 5 avril 1911, cependant le gouvernement japonais s'est réservé le droit de les rembourser à dater du 5 avril 1907, après un préavis de
six mois. Les titres sont en appoint de 100 et 200
livres sterling, et pourvus de coupons semestriels
au 5 avril et au 5 octobre. Les douanes japonaises ont
été données en nantissement (1). Le cours d'émission
fut fixé à 93 1/2 pour le public : le gouvernement japonais concéda 2 0/0 de commission aux banquiers,
si bien que le produit net ressort à 91 1/2. Si le remboursement a lieu le 5 avril 1911, l'opération donne
aux souscripteurs un intérêt de 7 0/0, s'il a lieu en
1907, l'intérêt est d'environ 8 0/0 (2).

(1) Le succès d'émission fut prodigieux à Londres, plus
modeste aux États-Unis. On a trouvé que c'était bien vite
mettre au Mont-de-Piété le meilleur de son actif, après
trois mois de victoires. Il est vrai qu'on n'avait pas voulu
prêter dans d'autres conditions et refusé les chemins de
fer comme garantie. Le revenu moyen des douanes de 1898
à 1903 a été de 1.484.000 livres. Parmi les incidents bur-
lesques qui ont marqué l'émission, on peut classer la pro-
menade triomphale que l'on a fait faire à l'agent financier
japonais à travers le Stock Exchange, l'avant-veille de
l'émission. (*Le traducteur.*)
(2) Au moment de la souscription, il fallut verser 5 0/0,
15 0/0 à la répartition, 25 0/0 le 13 juin et le 11 juillet,
23 1/2 0/0 le 15 août. La répartition de l'emprunt 6 0/0
à Londres fut accompagnée de grincements de dents et de
récriminations. On a dit que la commission a été de 3 0/0,
ce qui fait ressortir le produit net à 90 1/2. Les conditions
onéreuses ont provoqué un vif mécontentement au Japon.

Étant donné que l'emprunt est libellé en monnaies anglaises, ce qui écarte tout risque de change pour le porteur, étant donné que le produit des douanes est très considérablement supérieur au service de l'emprunt, il faut considérer les conditions comme extraordinairement dures. Quelques mois avant la guerre, le seul emprunt japonais en livres sterling, le 4 0/0 de 1899, cotait encore 85, soit un rendement de 4,7 0/0, tandis qu'actuellement, le gouvernement japonais doit payer 7 1/2 0/0 d'intérêt. Un meilleur résultat n'était pas à obtenir, bien que l'abondance de capitaux qui à ce moment existait à Londres comme à Paris, ait beaucoup facilité le placement de l'emprunt. L'escompte hors banque, à Londres, était en moyenne en mai de 2,07 0/0 contre 3,44 en mai 1903, 2,80 en mai 1902 ; le 19 mai, on fit même 1 5/16 0/0. Le taux élevé d'intérêt de l'emprunt japonais, par ce temps d'abondance monétaire, n'a pas manqué son influence sur la spéculation ; lorsque l'emprunt fut mis en souscription le 12 mai, il fut souscrit trente fois. Les grands souscripteurs reçurent un soixantième du montant souscrit. D'après l'*Economist*, la Bourse de Londres aurait regretté vivement que le Japon n'eût pas placé tout l'emprunt sur la place de Londres, qui fera difficilement une seconde fois un accueil aussi enthousiaste à une émission du Japon (1).

(1) Au mois d'octobre, on a écrit de Berlin que du côté japonais, par le canal, des maisons allemandes établies à New-York, il a été fait à Berlin des tentatives réitérées pour s'y procurer des capitaux. Mais, jusqu'ici, personne n'a voulu toucher, à Berlin, à des émissions japonaises, par une méfiance générale du caractère du débiteur. On y considère, dans les cercles compétents, que le moment actuel serait très mal choisi pour se départir de ces principes de sage abstention. D'ailleurs, si les banquiers germano-

Au Japon même, on semble n'avoir pas été très heureux des conditions dures que l'on avait dû se laisser dicter à Londres et à New-York ; la dureté de ces conditions a, en tout cas, contribué à ce que l'administration financière du Japon a cherché à éviter le plus longtemps possible un recours nouveau au marché monétaire international. D'autre part, il était évident que l'emprunt anglo-américain ne suffisait pas à couvrir les besoins d'argent pour la guerre; car bientôt après l'émission de l'emprunt en livres sterlings, on annonça quele Japon allait contracter de nouveau un emprunt intérieur 5 0/0 de 100 millions de yens. Au mois de juin, en effet, eut lieu à Tokio l'émission de Bons du Trésor 5 0/0 remboursables en 7 ans. Le cours d'émission en fut fixé à 92, c'est-à-dire guère au-dessous du cours d'émission des Bons du Trésor 6 0/0 à Londres. Si l'on considère que dans un emprunt en livres sterlings le risque du change que comporte un emprunt intérieur est exclu, il ressort dans le rendement effectif de deux emprunts si rapprochés, une si grande différence que toute participation du capital étranger a dû être absente. Néanmoins, cet emprunt intérieur aussi a été couvert trois fois.

Depuis lors, jusqu'au mois d'octobre, le Japon n'a plus eu recours à un emprunt public. Les bruits qui

américains se sont intéressés aux opérations financières du Japon, ils se sont bien gardés de conserver en portefeuille les titres qu'ils ont pris avec une forte commission ; ils les ont revendus à Londres, dans la mesure où cette place a pu les absorber. C'est pour cela qu'ils ont tâté le continent, et ils ont échoué en Allemagne. Le même insuccès leur a été réservé à Paris, où ils avaient cependant espéré trouver des concours en dehors de la haute banque et des grands établissements de crédit. (*Le traducteur.*)

ont couru en juillet, que le Japon voulait s'adresser de nouveau au marché international, et, notamment avec un emprunt dont le service serait garanti par le monopole du camphre. En tout, le Japon aurait émis pour 300 millions de yens en Bons du Trésor, si bien qu'il ne restait que 80 millions non utilisés sur les crédits d'emprunt votés en mars (1).

Le Japon s'est servi jusqu'ici pour se procurer de l'argent, des mêmes moyens que la Russie avait employés pour ses emprunts intérieurs et extérieurs : l'émission de Bons du Trésor, qui, par leur intérêt élevé, tiennent compte de la situation actuelle, sans lier l'Etat pour une longue série d'années après la guerre au surcroît d'intérêt. Le Japon a dû accepter des conditions plus dures sensiblement que la Russie. On ne peut cependant pas équitablement comparer les Bons du Trésor (séries), émis au pair par la Russie à 3.60 0/0 sur le marché intérieur, avec les emprunts intérieurs du Japon 5 0/0, émis à 92 et 95, et cela à cause du caractère spécial des séries russes. Quant aux emprunts étrangers, la Russie a pu se procurer 800 millions de francs à un taux inférieur à 6 0/0 pour cinq ans, tandis que, pour placer 250 millions de francs, le Japon a dû accepter le taux de 7 1/2 0/0.

Le montant total de la dette japonaise a été accru par les emprunts contractés depuis la guerre de 54 0/0 environ, progressant de 560 à 860 millions (et même

____

(1) Après la publication de l'étude de M. Helfferich, le Japon a émis un nouvel emprunt intérieur de 80 millions de yens; il a épuisé ainsi les crédits accordés en mars 1904 pour aller jusqu'en mars 1905. Simultanément le gouvernement a représenté l'impôt sur le sel écarté en mars dernier par le Parlement.

y compris le dernier emprunt d'octobre à 940 millions). Les emprunts de guerre ont presque triplé la dette de 1895. Les intérêts des nouveaux emprunts s'élevant, sans le dernier emprunt, à 16 millions de yens, représentent 7 0/0 du budget ordinaire 1904-05. La surcharge paraît lourde, si l'on compare la situation de l'adversaire. La Russie a emprunté jusqu'ici 450 millions R., une fois et demie autant que le Japon, ce qui équivaut seulement à un accroissement de 7 0/0 du capital de la dette, et un accroissement de moins d'un pour cent de toute la dette.

La Guerre et la Banque du Japon.

Avec la surcharge considérable que le Japon se voit obligé d'imposer à sa population par les impôts de guerre, à ses finances par les nouveaux emprunts la tentation de mettre la main sur l'encaisse-or et sur le droit d'émission de la Banque du Japon, a dû être forte dès le début. D'autre part, la situation peu brillante de la Banque du Japon et la prédominance du papier dans la circulation par rapport à l'or, ont dû imposer à l'administration financière japonaise une prudence toute spéciale dans ses relations avec la Banque.

Un examen des bilans hebdomadaires de la Banque du Japon montre que celle-ci, dans le cours de la guerre, a été de temps à autre mise fortement à contribution pour couvrir les besoins financiers de l'État. Ce fait ressort peu du mouvement des comptes du Trésor à la Banque (dépôts gouvernementaux), mais

d'autant plus fortement dans le chapitre « Avances
à l'Etat ».

Le total des comptes du Trésor a été en moyenne, en
1903, de 19,9 millions de yens ; le premier bilan de
1904, le 9 janvier, indique 15,5 millions. Les semaines
qui suivent apportent jusqu'à la guerre une légère
augmentation, puis un abaissement à 9,6 millions, le
16 avril. Au commencement de mai, il y eut un fort
relèvement, puis, le 11 juin, on atteint le maximum
avec 34,3 millions ; le 13 août, le solde des comptes
du Trésor est redescendu à 19 millions. Le relèvement de la courbe à partir de mai est en rapport avec
l'emprunt à Londres.

En ce qui touche l'avance de la Banque à l'Etat,
son augmentation est entrée dans le cadre du décret
du 28 décembre 1903, que le Parlement a approuvé
en mars 1904. Les 31 millions que l'on devait se procurer par d'autres dettes flottantes visaient la Banque. En réalité, les sommes que l'Etat a empruntées
à la Banque ont été par moments, beaucoup plus considérables. La moyenne des avances en 1903 a été de
36,9 millions ; le premier bilan de 1904 porte 46 millions ; les semaines et les mois qui suivent apportent une progression continue, jusqu'à 96 millions le
4 juin, puis en relation avec l'emprunt anglo-américain, une réduction jusqu'à 81 millions, le 2 juillet,
puis un relèvement à 104 millions le 23 juillet ; le
bilan du 13 août indique seulement 49 millions. En
comparaison de la moyenne de 1903, l'avance de la
Banque a été supérieure par moment de 70 millions,
c'est-à-dire un somme égale aux deux tiers du stock-or
moyen de la Banque du Japon en 1903.

Le portefeuille et les avances de la Banque sur
nantissement, se meuvent dans les limites étroites ;

le portefeuille d'effets sur l'intérieur a varié de 19,8
millions de yens le 9 janvier, à 13,9 millions le 21 mai,
pour remonter à 29,8 millions de yens le 13 août ;
mais, étant donné l'exiguité du portefeuille, ces modifications ne peuvent pas peser trop sur l'ensemble
de la situation. Par conséquent, l'effet de l'accroissement des avances à l'Etat doit se faire sentir surtout sur l'encaisse métallique, les effets sur l'étranger
et la circulation des billets. Les mouvements de celle-
ci ressortent des chiffres suivants : le 9 janvier, il
avait été émis 209 millions de yens, l'émission monte
lentement à 228,6 millions de yens le 13 février, des-
cend ensuite mi-mai à 189,4 millions, remonte le
23 juillet à 233,6 millions ; le 13 août, elle est de
221,9 millions. Dans les moments où l'avance à l'Etat
était le plus considérable, l'émission a plutôt reculé.
Il en résulte que les grands paiements à l'Etat ont
dû être faits surtout en or effectif ou en traites sur
l'étranger. Et, en réalité, le stock d'or de la Banque
a subi par moment un grand affaiblissement. L'en-
caisse-métallique (or et argent), est descendu de 119,9
millions de yens, le 9 janvier presque sans interrup-
tion, à 72,5 millions le 11 juin, le stock or seul est
descendu de 115,7 millions au début de janvier, à
64,1 millions (1), dans la seconde semaine de juin.

Simultanément, les effets sur l'étranger, se trouvant dans le portefeuille de la Banque, ont diminué
de 12,7 à 6,2 millions. La diminution de l'or et des

---

(1) L'encaisse or et l'encaisse argent sont indiquées sé-
parément dans les bilans de la Banque du Japon, seulement pour la moyenne hebdomadaire; pour le jour même
du bilan, on indique l'encaisse globale.

effets sur l'étranger, a été de janvier à juin, de 45 0/0
environ, de 128 millions à 58 millions. La couverture
des billets qui, au début de l'année était de 54 0/0, est
tombée en juin, au-dessous de 33 1/3 0/0. Le danger
qui en résultait pour la Banque et le système monétaire du Japon était d'autant plus grand que le gouvernement avait besoin d'or principalement pour les
paiements à l'étranger. Effectivement, dans les trois
premiers mois de l'année, 43,8 millions de yens d'or
ont été expédiés aux États-Unis, dont 19 millions au
mois de mai seul. Vu la disparition rapide du stock
or de la Banque, une proclamation en février de-
manda aux détenteurs de monnaie d'or et d'objets en
or, de les porter à la Banque. D'après M. Raphaël
Georges-Lévy, la famille impériale aurait donné le
bon exemple. Cependant, les chiffres du bilan de la
Banque montrent que le résultat atteint a été peu considérable. Par une ironie du destin, les Américains
qui avaient à faire de gros paiements en France pour
le rachat du canal de Panama, ont dirigé sur Paris
l'or japonais, qui arrivait à San Francisco, et cet or
a pu servir aux versements sur l'emprunt russe.

Dans l'intervalle, grâce à l'emprunt anglo-américain, la situation de la Banque et du système monétaire du Japon s'est améliorée. Le Japon est en mesure
d'exécuter sur les sommes à son crédit, les paiements
qu'il a à faire à l'étranger, et il peut mettre des traites sur l'étranger à la disposition du commerce. Il
semble même que l'importation de l'or ait recom-
mencé. Dans ces conditions, l'encaisse-or est remon-
tée, du 7 au 13 août à 106,6 millions, le portefeuille
des effets sur l'étranger à 8,6 millions. La circulation
fiduciaire s'est élevée à 224,6 millions, si bien que

la couverture en or est supérieure à 50 0/0 (1).

Par conséquent, le Japon s'est servi, jusqu'à présent, dans une très large mesure de sa Banque centrale pour satisfaire ses besoins d'argent et pendant un certain temps, même jusqu'aux dernières limites possibles. L'emprunt extérieur a amené à partir du mois de juin un allègement sensible. Mais, quand l'or que le Japon possède à l'étranger sera épuisé, la situation de la Banque du Japon va de nouveau fortement empirer. Et le Japon se trouvera alors devant le dilemne soit de recourir à un nouvel emprunt étranger, soit d'épuiser le stock d'or de sa Banque centrale, c'est-à-dire de sacrifier son régime monétaire. La comparaison suivante avec la Russie, indique l'importance de la dernière réserve financière que le Japon possède dans le stock d'or de la Banque : le stock d'or de la Banque du Japon n'est que de 240 millions de marks (300 millions de francs), tandis que le stock d'or de la Banque de Russie est de plus de 2 milliards de marks (2 milliards 500 millions de francs), et tandis que le stock d'or de la Banque de Russie est huit fois plus grand que celui de la Banque du Japon, sa circulation de billets de crédit n'est

(1)	Moyenne 1903	9 janv. 1904	11 juin 1904	23 août 1904
Encaisse or	112,5	115,7	64,1	106,6
Effets sur l'étranger	4,6	12,7	6,2	8,6
Total	117,1	128,4	70,3	115,2
Circulation fiduciaire	202,5	209,0	201,8	221,9
Excédent des billets sur l'or et les effets étrangers	85,4	90,6	131,5	106,7
Comptes du Trésor	19,9	15,5	34,3	19,0
Avances de l'Etat	36,9	54,3	104,9	49,0

que trois fois et demie plus grande que celle de la
Banque du Japon.

Cette situation de la Banque centrale, indique d'une
manière presque encore plus frappante que les augmentations sensibles des impôts et l'énorme accroissement de la dette publique par comparaison avec le
montant du budget, que le Japon aura, non seulement au point de vue purement militaire, mais aussi
au point de vue financier, à lutter contre un adversaire plus fort jusqu'à l'épuisement de toutes les réserves.

La guerre et les marchés financiers.

Nous avons décrit la situation financière des deux
belligérants. Ce tableau doit être maintenant com-
plété par un examen des influences que la guerre a
eues jusqu'à présent aussi bien sur le marché des capitaux que sur le marché monétaire international.

Ces influences qui se sont manifestées pendant la
première période de la guerre, ont une importance
immédiate pour les questions financières qui surgi-
ront pendant la continuation de la guerre ; en ce qui
concerne les influences sur le marché international,
ce sont des faits qui présentent un grand intérêt général, au point de vue de l'économie politique, et
qui, en même temps, sont pour nous en ce moment
d'une importance considérable, à cause de leur si-
gnification pour les opérations financières des belli

gérants. Bien entendu que dans cette étude, il est impossible d'épuiser la question et nous ne pouvons que donner un tableau sommaire de la situation (1).

En examinant les influences de la guerre sur le

(1) La vérité commence à se faire jour. On est loin de l'optimisme effréné des Japonais, en matière financière, qui a marqué le début des hostilités.

Le comte Okuma, ancien premier ministre, dans une allocution adressée aux banquiers du Japon, en octobre 1904, a évalué le coût d'une guerre qui durerait deux ans entre 3 milliards et 3 milliards 250 millions de francs; en y comprenait les dépenses *post bellum*, le total atteindrait même cinq milliards de francs. *Le Times* rappelle qu'après la guerre sino-japonaise, les dépenses extraordinaires ont été de

18 millions de yens en 1895-1896
68 — — 1896-1897
116 — — 1897-1898

et qu'elles ont atteint leur maximum avec 143 millions en 1900-1901. Si cela a été le résultat de la guerre courte et facile contre la Chine, quel effort ne faudra-t-il pas pour refaire le matériel de guerre après la lutte contre la Russie. La majeure partie des dépenses extraordinaires du Japon a servi à préparer la guerre contre la Russie.

En admettant que la guerre dure encore douze mois, dit le *Times*, à partir du 31 décembre 1904, le coût ne dépassera pas le montant autorisé pour l'année courante: 576 millions de yens, y compris 156 millions utilisés pour les préparatifs de la campagne contre la Russie. En tablant sur un maximum de 600 millions pour 1905, cela donnerait pour deux ans 1.176 millions de yens, ou 2.940 millions de francs (tout près de trois milliards de francs). Il faudrait emprunter *480 à 500* millions de yens. Les Japonais espèrent se procurer 150 millions de yens à l'étranger. Les douanes produisent bien 15 millions de yens en moyenne par an, qui vont être augmentés par les surtaxes de guerre. Il y a une première hypothèque en faveur des porteurs de l'emprunt 6 0/0 1904 (bons du Trésor). Il faut maintenant un autre gage. (*Note du traducteur.*)

crédit et le marché financier, nous devons distinguer entre le crédit public et le marché financier privé. En examinant l'influence de la guerre sur le crédit public, nous devons nous arrêter sur les cours des valeurs d'Etat et sur la situation de la valuta.

Le tableau suivant indique le mouvement des cours des emprunts des deux belligérants, sous l'influence de la guerre :

	Cours de l'emprunt consolidé russe 4 0/0 à Berlin		
	Plus haut	Plus bas	Moyen
15 décembre 1903.........	—	—	99,50
23 —	—	—	99
31 —	—	—	99,10
Janvier 1904............	99	98	98,80
Février —	96,90	91	92,65
Mars —	94	92,50	92,92
Avril —	93,20	92,20	92,62
Mai —	91,80	87,50	89,70
Juin —	91,90	90,20	91,10
Juillet —	92,10	91,70	91,88
Août —	91,90	90,50	91,30

	Cours de l'emprunt japonais 4 0/0 1899 à Londres		
	Plus haut	Plus bas	Moyen
15 décembre 1903......	—	—	84
23 —	—	—	80 1/4
31 —	—	—	77 1/2
Janvier 1904.........	78 3/4	73	76,05
Février —	76	65 1/2	69,17
Mars —	65 3/4	62	64,50
Avril —	66 1/2	62 3/8	65
Mai —	74	66 1/2	70,66
Juin —	77 5/8	74 3/4	70,10
Juillet —	76	72 7/8	73,73
Août —	75 1/4	74 1/4	74,71

Ce tableau démontre que le crédit d'Etat russe et le crédit d'Etat japonais, se sont comportés d'une manière tout à fait différente. Le peu de confiance dans la puissance militaire et financière du Japon a trouvé d'abord son expression avant que la guerre ait éclatée, dans le cours sensiblement plus bas des valeurs d'Etat japonaises — l'emprunt 4 0/0 japonais était coté en 1903 à environ 85, tandis que les emprunts russes, portant le même intérêt, étaient cotés presqu'au pair; — ensuite, dans ce fait que le danger seul, de la guerre a très fortement réagi sur les emprunts japonais, tandis que le cours des emprunts russes n'a subi de changement qu'une semaine avant le commencement de la guerre. Du 15 décembre 1903 au 31 janvier 1904, l'emprunt russe 4 0/0 n'a baissé que de 99,50 à 98, tandis que l'emprunt japonais 4 0/0 a baissé de 84 à 74 1/2, et il est même tombé à 73, le 7 janvier, pour se relever ensuite à 77 1/4 le 19 janvier. Le commencement de la guerre a fortement secoué le cours des valeurs de deux états : le russe est tombé, le 9 février à 91, et le japonais à 66 ; les valeurs japonaises ont, par conséquent, perdu par comparaison avec le cours du 15 décembre 1903, plus d'un cinquième et les valeurs russes — malgré l'issue malheureuse du premier engagement devant Port Arthur — seulement environ un douzième. Quand le premier moment de l'effroi fut passé, le cours des valeurs des deux catégories a subi une certaine amélioration, mais tandis que cette amélioration s'est maintenue pour les russes jusqu'au mois d'avril, le cours des valeurs japonaises a commencé de nouveau à fléchir, à partir du milieu du mois de février ; l'emprunt russe cotait le 31 mars, 93,40, et l'emprunt japonais, seulement 62. Ensuite, certes, un change-

ment est survenu. Les succès des armes japonaises
ont commencé à produire sur le marché financier un
effet plus favorable pour le Japon, de telle manière
qu'au mois de mai la souscription à l'emprunt japonais a eu un succès brillant, dont nous avons déjà
parlé, et n'a pas empêché une amélioration notable
du cours de se produire (jusqu'à 74, fin mai), tandis
que l'emprunt russe, émis en même temps, et dont
le montant, il est vrai, a été trois fois plus considérable, a produit une forte dépression momentanée
du cours des valeurs russes ; le 11 mai, l'emprunt
russe 4 0/0 n'a été qu'à 87,50. Les mois suivants, une
certaine amélioration du cours des valeurs russes
s'est produite, à partir du mois de juin et, jusqu'à ce
jour, les cours de l'emprunt 4 0/0, oscillaient entre
90,20 et 92,10. Les valeurs japonaises, en s'amélio-
rant, ont atteint, au milieu du mois de juin, les cours
de 77 5/8, mais n'ont pas pu se maintenir à ce niveau
et oscillaient, les mois suivants, entre 72 7/8 et 67.
Aujourd'hui, après la bataille de Lyao-Yang, les russes sont à 91,40 et les japonais à 72 (cours du 13 septembre).

Les Japonais doivent exclusivement aux succès
militaires, le fait que le cours de leurs valeurs est aujourd'hui à peu près le même qu'à la fin du mois de
janvier, tandis que les valeurs d'Etat russes ont fléchi
depuis ce temps d'environ 6 1/2 0/0. Mais, si on compare le cours actuel avec celui de la période qui a
précédé l'époque où a apparu le danger imminent de
la guerre, on voit que, malgré les succès des armes
japonaises, les valeurs d'Etat de ce pays ont perdu
environ un septième (de 84 à 72), tandis que les valeurs d'Etat russes, n'ont perdu qu'un douzième environ (de 99,50 à 91,40).

L'explication de cette situation des crédits d'État des deux belligérants, si peu conforme à la marche des événements sur le théâtre de la guerre, se trouve dans ce fait, que, malgré les victoires de l'armée et de la flotte japonaises, l'opinion est très répandue que la Russie finira par sortir victorieuse des difficultés militaires. Une confiance plus grande dans la puissance financière de la Russie que dans celle du Japon, est pourtant la raison principale de cet état de choses. On sait que la Russie a commencé la guerre avec des finances bien ordonnées et qu'elle possède encore actuellement des réserves financières considérables, tandis que le Japon a dû déjà employer toutes ses forces pendant les années de la préparation à la guerre : on croit, par conséquent, que la Russie, même si la guerre avait pour elle une issue malheureuse, pourrait supporter ses conséquences financières, tandis que, pour le Japon, une issue défavorable de la campagne, équivaudrait à une ruine financière complète. Cela apparaît d'une manière caractéristique dans l'influence que les événements militaires produisent sur le cours des valeurs des deux pays. La bataille de Lyao-Yang, et son résultat ont laissé le cours des valeurs russes sans changement, et il est même survenu, du 27 août au 13 septembre, une hausse de 91 à 91,40 ; par contre, l'emprunt japonais 4 0/0 a monté d'abord, du 27 août au 2 et 3 septembre, de 74 3/8 à 75 5/8, mais, ensuite, quand la nouvelle est parvenue que l'armée japonaise n'était pas arrivée à couper la retraite des Russes, l'emprunt a baissé, le 13 septembre, à 72. Un succès militaire, très important, a produit une baisse des valeurs japonaises, évidemment, par suite de ce fait qu'il n'a pas amené l'anéantissement de l'armée russe et qu'il a de nouveau éloigné la fin de la guerre, ce qui augmente les doutes sur la possibilité pour le Japon de supporter longtemps l'effort financier. Et, involontairement, on se demande quelle influence aurait sur le crédit d'Etat du Japon, la défaite de ses armées.

Dans quelle mesure le gouvernement russe est-il intervenu pour soutenir le cours de ses fonds à l'étranger, en y employant les sommes considérables à son crédit ? Les journaux allemands et anglais se sont plu à affirmer le fait : notamment lors de la première panique de février, ils ont vu la justification de leur théorie, en ce que les emprunts d'Etat non engagés dans la guerre, ont beaucoup plus baissé que les fonds russes. Or, les fonds turcs et espagnols, ont subi une sorte d'effondrement parce qu'ils étaient dans les mais d'une spéculation exagérée. La relative fermeté des fonds russes s'explique par le peu de vente du portefeuille, par les rachats du découvert. En supposant que le gouvernement russe soit intervenu avec succès, ces interventions sont toujours limitées et ne suffisent pas à expliquer la bonne tenue du crédit russe depuis huit mois que dure déjà la guerre. Dans quelle mesure le raffermissement intérieur du crédit russe tel qu'il résulte des réformes effectuées depuis 1881, a été avantageux pour la Russie, on le voit en comparant les fluctuations actuelles, avec celles des guerres antérieures. Avant la guerre russo-turque, les emprunts russes 5 0/0 étaient cotés à environ 104 ; immédiatement après la déclaration de la guerre, le 1ᵉʳ juillet 1876, le cours a baissé à 86 et au mois de mai 1877, il a même descendu à 73 3/8 : par conséquent, la perte du cours a été d'un tiers contre un douzième, pendant la période écoulée de la guerre actuelle.

Tandis que l'influence de la guerre s'est manifestée très nettement dans les fluctuations des cours des valeurs russes et japonaises, cette influence s'est fait très peu sentir sur le régime monétaire des deux pays autant qu'elle apparaît dans les cours internationaux des changes des deux pays. Les tableaux ci-dessous indiquent les fluctuations des cours de billets de crédit russes, à Berlin, et des traités sur Londres à Yokohama.

Cote hebdomadaire des traites sur Londres (4 mois) à Yokohama.

	Sh. et d. pour yen
2 décembre 1903	2 sh. 0 11/16 d.
9 —	2 sh. 0 11/16 d.
16 —	2 sh. 0 5/8 d.
23 —	2 sh. 0 5/8 d.
30 —	2 sh. 0 9/16 d.
6 janvier 1904	2 sh. 0 1/2 d.
13 —	2 sh. 0 7/16 d.
20 —	2 sh. 0 5/16 d.
27 —	2 sh. 0 5/16 d.
3 février 1904	2 sh. 0 5/16 d.
10 —	2 sh. 0 1/16 d.
17 —	2 sh. 0 1/16 d.
24 —	2 sh. 0 1/16 d.
2 mars 1904	2 sh. 0 1/16 d.
9 —	2 sh. 0 1/16 d.
16 —	2 sh. 0 1/16 d.
23 —	2 sh. 0 1/16 d.
30 —	2 sh. 0 1/16 d.
6 avril 1904	2 sh. 0 1/16 d.
13 —	2 sh. 0 1/8 d.
20 —	2 sh. 0 1/8 d.
27 —	2 sh. 0 3/16 d.
4 mai 1904	2 sh. 0 3/16 d.
11 mai 1904 et la cote ultérieure sans changements	2 sh. 0 1/4 d.

Cote des billets de crédit (roubles) russes à Berlin
(Marks pour 100 roubles)

	Plus haut	Plus bas	Moyen
Année 1903	216,45	216	216,15
Janvier 1904	216,10	216	216,03
Février	216,50	216	216,07
Mars	216,50	216,05	216,21
Avril	216,15	216	216,06
Mai	216,20	216	216,05
Juin	216,10	216	216,02
Juillet	216,05	216	216,01
Août	216,30	216	216,18

Aussi longtemps que l'étalon d'or est effectivement conservé dans les deux pays, c'est-à-dire aussi longtemps que les Caisses publiques ou la Banque centrale échangent les billets de crédit contre leur valeur nominale en or, les oscillations au-dessus et au-dessous de la parité, ne peuvent avoir lieu que dans les limites tracées par les frais d'envoi de la monnaie d'or à l'étranger. C'est seulement du moment où l'échange contre les espèces n'est plus effectué, que peut se produire la dépréciation de la monnaie de papier ou de traites payables en monnaie de papier en regard de la monnaie d'or ou des traites sur l'étranger, payables en or. Dans les deux pays belligérants, l'échange contre espèces a été maintenu. Dans aucun des deux pays, ne s'est produit non plus un mouvement vers les guichets des banques, pour l'échange des billets contre des espèces. Pourtant, la cote des changes, dont les fluctuations ne peuvent se produire par suite du maintien de l'échange contre espèces, que dans des limites étroites, présente un certain intérêt. Les cours russes et japonais ont

baissé, par comparaison, avec l'état des choses avant
la guerre. Le cours moyen du rouble, en 1903, n'a
été atteint, en 1904, qu'aux mois de mars et d'août ;
le rouble russe n'a pas baissé au-dessous de sa parité en monnaie allemande, qui est de 216 marks
= 100 roubles, et le cours le plus bas de l'année
1904, n'est que de 0,2 0/0 au-dessous du cours le
plus élevé de l'année 1903. Le cours du yen japonais
mesuré par la cote du papier Yokohama-Londres, est
tombé de 2 sh. 11/16 d., au commencement du mois
de décembre 1903, à 2 sh. 0 1/16 d., immédiatment
après le commencement de la guerre (de 2 1/2 0/0), et
s'est lentement relevé seulement à partir de la moitié du mois d'avril, à 2 sh. 0 1/4 d. La parité est
1 yen = 2 sh. 0 9/16 d., dont pourtant il faut réduire,
comme intérêt pour le papier de quatre mois, 1/4 d.

La baisse du cours de l'unité monétaire des deux
pays, s'explique par l'augmentation de la demande
des moyens de paiement sur l'étranger et, dans une
certaine mesure par les doutes que la guerre a provoqués sur la possibilité de maintenir l'étalon d'or
dans les pays belligérants. En Russie, à côté des
paiements à l'étranger, pour le matériel de la
guerre, etc., il faut encore mentionner la rentrée
vers le pays des valeurs mobilières, placées à l'étranger. Ensuite, il est compréhensible, qu'à pareille
époque, les créanciers étrangers essaient de réaliser
au plus vite leurs créances, et qu'il se produit un retrait de capitaux prêtés à courte échéance. D'une
part, la Russie dont les relations envers les capitaux du marché européen sont plus étroites et plus
étendues, a été atteinte beaucoup plus que le Japon
par le retrait des valeurs russes et des capitaux,
mais, d'autre part, la balance de commerce de la

Russie est fortement active, tandis que, depuis longtemps, d'une année à l'autre, les importations au Japon donnent des excédents notables sur les exportations. Pour juger de l'état du régime monétaire d'un
pays, il ne suffit pas, pourtant, dans des cas pareils
d'examiner les fluctuations des cours, mais il faut
aussi tenir compte des circonstances dans lesquelles
ces fluctuations se produisent ; à ce point de vue, il
existe une très grande différence entre la Russie et
le Japon. Nous avons déjà observé que le Japon s'est
vu obligé, afin d'assurer ses paiements à l'étranger,
d'exporter des quantités d'or très considérables, par
comparaison à sa circulation monétaire, notamment
environ un quart de stock d'or du pays, ce qui, a
même pendant un certain moment, fait empirer d'une
manière inquiétante, la situation de la Banque du
Japon. Par contre, la Russie a, d'après toute évi-
dence, pu satisfaire à ses engagements à l'étranger
sans exporter la moindre quantité d'or. La Banque
de Russie et la Trésorerie se sont servies pour les
paiements qu'elles ont eu à effectuer à l'étranger, de
l'or qu'elles possèdent à l'étranger, et, en outre, au
moyen du même or, elles ont pu mettre à la disposition du marché monétaire russe, des quantités considérables de traites sur l'étranger à des prix nor-
maux. La Banque a même fait un pas de plus. Quand,
après le commencement de la guerre, il s'est produit
une demande de traites et de chèques sur l'étranger, à échéances éloignées, par lesquels le monde
du commerce en relations avec l'étranger a voulu
s'assurer contre les fluctuations possibles du change
russe, la Banque de Russie s'est déclarée prête à
vendre du papier de cette espèce. A partir du milieu du mois de février, elle vendait des chèques sur

Berlin, à livrer, au cours de 46,30 roubles = 100 marks (soit 215,98 marks = 100 roubles), plus un par mille par mois (1). Le fait que le gouvernement russe a pu retenir les fluctuations de sa valuta dans des limites très étroites et que le Japon a dû, dans ce but, mais avec moins de succès, sacrifier une partie considérable de ses réserves d'or, présente un trait caractéristique pour la puissance financière des deux belligérants.

Entre temps, le Japon s'est aussi procuré, au moyen de son emprunt, de l'or à l'étranger, et à consolidé pour un certain temps les bases de sa valuta ; de même, la Russie a aussi augmenté, par son emprunt émis à Paris, ses réserves d'or à l'étranger. Pour l'avenir du régime monétaire de la Russie et surtout du Japon, à côté des emprunts qui peuvent encore être émis, la situation de la balance du commerce a une certaine importance, plus grande pour le Japon que pour la Russie, parce ce que le Japon possède moins d'or à l'étranger que la Russie et parce qu'il lui sera plus difficile qu'à la Russie d'augmenter ses réserves d'or au moyen des emprunts.

On a déjà indiqué que la guerre a une tendance à augmenter les importations et à diminuer les exportations des pays qui se trouvent en lutte. Cette influence s'est en réalité fait sentir en Russie où pendant les cinq premiers mois de l'année courante par comparaison avec la période correspondante de l'année 1903, l'importation a augmenté de 23,2 millions de roubles, tandis que l'exportation a diminué de 23,3 millions de roubles. Par conséquent, la balance

(1) Voyez *Frankfurter Zeitung* du 23 février 1904.

russe a empiré de 46,5 millions de roubles, mais étant donné que pendant les 5 premiers mois de l'année 1903, les exportations russes ont dépassé les importations de 111,7 millions de roubles, la période correspondante de l'année courante a laissé encore un solde de l'actif de 62,2 millions de roubles. Au Japon, aussi bien les importations que les exportations ont augmenté pendant la première moitié de l'année courante, par comparaison avec la première moitié de 1903 ; mais tandis que les importations ont augmenté de 17,1 millions de yens, les exportations ne se sont accrues que de 11,5 millions de yen ; par conséquent, la balance du commerce a empiré aussi au qu'en Russie. Mais, tandis qu'en Russie la balance du commerce est constamment, et pendant une série d'années active, la balance japonaise a déjà, pendant le premier semestre 1903, accusé, un déficit de 40,1 millions de yens, qui a passé pendant le premier semestre 1904, à 45,7 millions.

Il est beaucoup plus difficile de déterminer l'influence de la guerre sur l'état du marché monétaire et du crédit, en ce qui concerne les relations des particuliers entre eux. Il manque dans ce domaine des données précises et des critériums objectifs.

La situation du marché des capitaux dépend beaucoup de la situation générale des affaires. Dans les époques de dépression économique, la demande de crédit diminue en général ; par contre, elle augmente dans les époques d'animation et d'élargissement des entreprises productives ; mais elle peut aussi quelquefois augmenter dans les époques transitoires de crise quand les entreprises, ne pouvant pas vendre leurs stocks, se procurent, au moyen du crédit, les ressources nécessaires pour continuer la production.

En même temps, le capitaliste devient plus prudent dans les moments d'insécurité économique et politique. Dans les pays où le crédit est largement développé, il faut s'attendre qu'en cas d'une guerre le marché monétaire accuse une forte tension et que des demandes de crédit affluent en masse dans les grandes Banques centrales — les dernières sources de capitaux du pays — et que ces Banques augmentent leurs opérations d'escompte de papiers commerciaux et d'avances sur les valeurs mobilières et les marchandises ; ensuite, les affaires se resserrant, la tension du marché peut diminuer peu à peu. Aussi bien en Russie qu'au Japon, la guerre a dû amener une stagnation des affaires dans certaines branches de l'industrie. L'Etat joue dans les deux pays, un rôle trop considérable de distributeur de commandes pour l'industrie entière, pour que de nombreuses entreprises ne soient pas atteintes par l'arrêt des travaux publics les moins indispensables et la diminution des commandes qui en résulte. En outre, une partie des ouvriers étant appelée sous les drapeaux, la consommation se rétrécit et les capitalistes s'abstiennent. Il est vrai que, d'autre part, la guerre provoque pour certaines entreprises isolées des commandes importantes et avantageuses, mais cette circonstance peut seulement diminuer et non pas annuler son influence pernicieuse sur la vie économique. Par conséquent, il ne faut pas s'étonner si on entend des plaintes venant de la Russie — en ce qui concerne le Japon, les renseignements font presque défaut — sur la stagnation des affaires, le resserrement du crédit et les banqueroutes. En Russie, cet état de choses a trouvé son expression dans l'élévation sensible du taux d'intérêt. La Banque de Russie a élevé, le 13 février, le taux de l'escompte officiel, qui restait, depuis le milieu du mois de février 1902, à 4 1/2-5 1/2 0/0, à 5 1/2-6 1/2, et l'escompte privé à Saint-Pétersbourg a monté, depuis le 23 février, à 6-7 1/2 (1). En ce qui concerne la Sibérie et les possessions, en Asie, il a fallu édicter un moratorium. Ensuite, la Banque de Russie, étant données les conditions difficiles du crédit privé, a décidé d'accorder des facilités exceptionnelles. Pour permettre aux Banques privées, qui ont vu leurs ressources diminuées par suite du retrait des dépôts, d'augmenter leurs opérations actives, la Banque de Russie a augmenté, pour ces institutions, les crédits ouverts sur garanties suffisantes; elle a permis, en outre, à ses succursales d'escompter des billets de change à échéance de trois à six mois, présentés par les Banques dont le portefeuille ne contient pas assez de papier à courte échéance pour leur procurer des ressources disponibles suffisantes (2).

L'observateur européen doit, par conséquent, être frappé par ce fait que, malgré ces circonstances, le montant des effets escomptés et des prêts consentis de la Banque de Russie, non seulement n'a pas augmenté depuis le commencement de l'année, mais a, au contraire, diminué, comme cela résulte du tableau suivant (en millions de roubles) :

(1) Le taux différent pour le papier de différentes échéances.

(2) Voyez *Volkswirtschaftliche Chronik*, juin 1904 p. 450 et 451.

	Effets escomptés	Prêts consentis	Total
Moyenne de l'année 1903....	216,1	199,0	416,0
1/14 janvier 1904............	247,8	224,4	472,2
23 février/7 mars 1904........	267,0	217,3	484,3
1/14 juillet 1904.............	195,7	194,4	390,1
1/14 septembre 1904..........	182,5	206,1	388,6

Après une certaine augmentation qui a duré jusqu'au mois de mars, il est survenu un assez fort resserrement des opérations productives qui dure au moins en ce qui concerne l'escompte jusqu'à ces jours-ci. Certes, en examinant ces données, il ne faut pas perdre de vue qu'à la Banque de Russie, comme dans toutes les Banques centrales de l'Europe Occidentale, la fin de l'année est l'époque de la plus grande tension, après laquelle survient un mouvement de retour de l'argent dans les Caisses de la Banque, et, en même temps, un resserrement des opérations d'escomptes et de prêts. Si ce resserrement n'a pas commencé en 1904 à partir du mois de janvier, et si même une augmentation a eu lieu qui a duré jusqu'au mois de mars, cela est dû exclusivement à la guerre. Et le resserrement qui a eu lieu à partir du mois de mars est moins fort que celui qu'on constate pour l'époque correspondante de l'année 1903. Du 1/14 janvier au 1/14 septembre, la diminution du montant des opérations d'escompte et de prêts, a été, en 1904, de 83,7 millions de roubles contre 85 et 122 millions de roubles pendant les deux années précédentes. Le montant des opérations d'escompte et de prêts a été au 1/14 septembre 1904, de 388,6, c'est-à-dire à quelques millions près, le même qu'à l'époque correspondante des années précédentes, quand il a été de 394,1 et de 390,7 millions de roubles. La différence

est si insignifiante qu'on peut dire que la guerre n'a,
quant à présent, eu aucune influence sur l'importance des crédits ouverts par la Banque de Russie.
Cet état de choses doit être expliqué, non pas par un
resserrement voulu du crédit que la Banque nie ca-
tégoriquement et que démentent aussi les facilités
déjà mentionnées, mais plutôt par le fait que la circulation des effets de commerce qui peuvent être escomptés est encore peu considérable en Russie.

À la Banque du Japon, le montant des effets sur
l'intérieur est tombé de 19,8 millions de yens, au
commencement de l'année, après une augmentation
insignifiante et momentanée, à 13,9 millions, le
21 mai, il a ensuite monté jusqu'à 29,3 millions, le
le 25 juin, et, après une forte diminution nouvelle, à
29,8 millions de yens. Le montant des prêts a, certes,
augmenté de 33,9 à 41,2 millions de yens du commencement de l'année au 13 août, mais il reste très
au-dessous du montant de l'année antérieure, quand
il se chiffrait en moyenne par 54,5 millions de yens.
L'escompte et les prêts réunis ont été le 7 mai de
51 millions de yens, tandis qu'aux mêmes époques
de trois années précédentes, le même total se chiffrait par 76,2, 64,1 et 103,1 millions de yens. Au milieu du mois d'août, le montant des mêmes opérations a été de 70,9 en 1904, de 70,0 en 1903, de 76,2
millions de yens en 1902. Malgré le retrait de l'or
qui a pris à un certain moment une importance considérable, la Banque, étant donné le peu d'importance de ses opérations productives, a procédé relativement tard à l'élévation du taux d'escompte. Du
milieu du mois de mars 1902 jusqu'au milieu du mois
de mars 1903, la Banque a abaissé par des étapes
successives le taux de l'escompte officiel, de 8 3/4 0/0

à 5,84 0/0, pour le maintenir à ce niveau, jusqu'à la
fin du mois de juin où il a été élevé à 6,57 0/0. Par
conséquent, l'influence de la guerre sur l'ouverture
des crédits est encore moins perceptible en ce qui
concerne la Banque du Japon qu'en ce qui concerne
la Banque de Russie. Ici, il faudrait aussi chercher
la raison principale de cet état de choses plutôt dans
le peu de développement du crédit et de la circulation
monétaire, que dans une augmentation par la guerre
de la demande de crédit sous une forme qui pouvait
être satisfaite par la Banque d'émission.

*
* *

Les influences financières de la guerre russo-japonaise n'ont pas pu se borner aux pays belligérants.
L'argent est le plus mobile des biens matériels, et il
sert de moyen d'échanges d'un pays à l'autre, de
même que d'un individu à l'autre, dans les limites
du même pays. Par conséquent, tout ce qui dépend
de l'argent et de la circulation monétaire est le plus
facilement influencé par les événements dans les
pays étrangers. Dans le cas qui nous intéresse en ce
moment, il y a encore à considérer que les capitaux
des pays de l'Europe Occidentale sont intéressés,
pour plusieurs milliards de francs, dans le sort d'une
des nations engagées dans la guerre, avant tout, sous
forme de placements dans les valeurs d'État russes,
mais aussi sous forme de la participation aux entreprises industrielles et de l'ouverture de crédit à
ces entreprises. Il n'y avait, certes, sur le marché de
l'Europe Occidentale, que très peu de valeurs mobilières japonaises, et cela, presque exclusivement
sur le marché anglais, mais il n'y a pas de doute que

le Japon aussi bien que la Russie auront encore, à cause de la guerre, recours aux capitaux européens.

La situation du marché monétaire et du marché des capitaux européens a été relativement bonne au moment où la guerre a éclaté. On pouvait considérer comme achevée la période aiguë de la crise qui a éclaté en 1900, après une période des plus brillante de prospérité, et qui a été compliquée dans une certaine mesure par les événements politiques, et, notamment, par la guerre dans l'Afrique Australe, et par les troubles d'Extrême-Orient. Durant l'année 1903, on constatait partout les signes d'une nouvelle animation dans l'industrie et le commerce ; les capitalistes sont devenus de nouveau plus confiants, ce qui a trouvé son expression dans une élévation notable des cours des valeurs industrielles. Une certaine influence, certes, a aussi été exercée sur le taux de l'escompte qui, après avoir atteint un niveau exceptionnellement élevé en 1899 et 1900, est descendu d'une manière très sensible. Au mois d'avril, l'escompte privé a été, pendant un certain moment, à 1 1/2 0/0. Le taux moyen de l'escompte du papier à courte échéance a été de nouveau, en 1903, sur les marchés principaux de l'Europe, un peu plus élevé qu'en 1902, et un nouveau renchérissement de l'escompte du papier à longue échéance a provoqué un certain fléchissement du cours des principales valeurs mobilières de l'Etat. Pourtant, l'élévation de l'escompte a été si insignifiante, qu'on pouvait considérer la situation du marché monétaire au commencement de 1904 comme tout à fait favorable.

Si nous voulons maintenant considérer les changements que la guerre a apportés à cet état de choses, nous devons distinguer, d'une part, le marché des capitaux de valeurs de placement qu'on appelle bourse de fonds, et, d'autre part, le marché monétaire ou le marché pour le crédit à courte échéance.

Le commencement de la guerre a dû, avant tout, influencer le marché des capitaux. La guerre a pu faire naître chez les porteurs d'une série de valeurs de placement la crainte de pertes considérables, et cela non pas seulement en ce qui concerne les valeurs russes d'Etat et les valeurs russes industrielles ; la guerre a réveillé des appréhensions politiques beaucoup plus étendues ; elle a suscité la crainte de toutes sortes de complications et a fait douter le public de presque toutes les valeurs. La crainte des pertes, à elle seule, quand il s'agit des valeurs de placements, est capable de provoquer en réalité ces pertes. Elle force les porteurs les plus peureux, qui préfèrent subir une perte sensible, mais déterminée, au lieu de se trouver exposés à la possibilité des pertes impossibles à calculer d'avance, à jeter sur le marché leurs valeurs.

Dans le cas qui nous intéresse, le danger d'un pareil *circulus vitiosus* a été d'autant plus grand pour les bourses continentales — on a été, par contre, mieux préparé et renseigné à Londres — que la guerre a éclaté d'une manière tout à fait inattendue. La nouvelle de la rupture des relations diplomatiques et de l'attaque de la flotte japonaise contre la flotte russe, à Port-Arthur, a provoqué un désarroi complet aux bourses de Berlin, de Vienne et de Paris. La première tempête, éclatée le 8 et le 9 février, a provoqué une baisse sensible de presque toutes les valeurs mobilières. La force de résistance des bourses allemandes a été particulièrement faible, bien qu'elles aient été, avant le commencement de la guerre, dans une situation meilleure que la bourse de Paris, chargée des engagements de spéculation et notamment en ce qui concerne les valeurs espagnoles. On a souvent expliqué ce manque de résistance des bourses allemandes par la législation allemande sur les bourses.

La baisse générale des cours qui menaçait de se transformer en une vraie débâcle, a été pourtant arrêtée déjà au milieu de la deuxième huitaine du mois de février, par les achats de grandes Banques. Relativement vite, une accalmie est survenue jusqu'à ce que, le 20 février, une nouvelle crise — éclatant à Paris — ait survenu. Le château de cartes s'est écroulé cette fois-ci à Paris ; il paraît que les raisons immédiates en ont été la cessation de paiement de certaines maisons espagnoles et les bruits d'une mobilisation partielle en Espagne. Etant donné les engagements élevés de la bourse de Paris, en valeurs espagnoles, ce choc a été suffisant pour ébranler le marché entier. La panique a été augmentée par des bruits les plus invraisemblables qui ne trouvent créance que dans des moments de désarroi semblables. On voyait déjà, en dehors de l'Espagne, l'Angleterre, l'Amérique, la Turquie et les autres Etats de la péninsule balkanique, engagés dans la guerre russo-japonaise. C'est seulement peu à peu qu'on est arrivé à calmer le marché. Il est naturel que ces événements, à la Bourse de Paris, ont aussi atteint les autres marchés européens ; en particulier, une nouvelle baisse s'est produite à la Bourse de Berlin, bien que ce second choc ait été supporté par ce marché avec plus de calme que le premier.

Le tableau que nous reproduisons plus loin, indique les ruines provoquées par les crises du mois de février sur le marché allemand. A côté des actions des entreprises minières, industrielles, de crédit et de transport, les valeurs d'Etat allemandes ont aussi subi une baisse considérable. L'emprunt 3 0/0 de l'Empire d'Allemagne est tombé de 91,40 au commencement de l'année, à 89, au 20 février. La rente française 3 0/0 a subi une baisse encore plus considérable, ayant tombé de 97,30 à 94,50 et étant cotée seulement le 20 février à 93,15.

Au marché de Paris, à côté des valeurs espagnoles et turques, les valeurs industrielles russes ont été aussi fortement atteintes. Très remarquable est la force de résistance des valeurs d'Etat russes après le premier choc du 8 et du 9 février; à partir du milieu du mois de février, et, malgré la panique du 20 février, leur cours a été mieux soutenu que celui des valeurs des Etats neutres :

Les crises du mois de février ont, quant à présent, épuisé l'influence de la guerre sur le marché des capitaux de l'Europe Occidentale. Le calme s'est fait dans les esprits en ce qui concerne la participation des puissances étrangères au conflit, et on s'est habitué à compter avec une longue durée de la guerre. Le contre-coup violent a été remplacé par une certaine dépression chronique, pas suffisamment puissante pourtant pour empêcher l'influence d'autres circonstances de se manifester (1). A partir du com-

____

(1) La *Frankfurter Zeitung* a déclaré le 27 mars, 2ᵉ édition du matin, dans sa chronique hebdomadaire de la bourse de Berlin : « On ne parle presque pas de la guerre en Extrême-Orient et pour le moment on est passé à l'ordre du jour. » De même le 18 avril dans l'édition du soir : « Les succès japonais en Extrême-Orient et certains bruits qu'on a répandus à ce sujet et qui sont allés même jusqu'à l'affirmation de la prise de Port-Arthur par les Ja-

	2 Janvier	6 Février	9 Février	20 Février	23 Février	31 Mars	30 Juin	31 Août
Gelsenkirchner Bergwerk .	218,75	213,70	203,75	197,00	196,00	211,60	216,50	223,00
Kœnigs et Laurahütte. ...	232,75	231,25	222,25	216,10	212,40	233,90	244,00	251,75
Allgemeine Elektrizitœt...	220,25	228,00	213,50	204,00	205,00	210,00	219,00	229,25
Siemens et Halske.	140,00	139,00	131,25	133,00	133,00	138,75	140,50	162,90
Hamburg Amerika Packetfahrt	110,50	111,00	106,40	106,00	106,50	108,80	105,90	108,40
Deutsche Bank, ...	223,60	223,60	214,75	211,00	215,90	115,80	219,70	224,00
Diskonto...	195,00	192,10	184,00	180,75	181,70	183,00	187,10	150,80
3 0/0 Allemand..	91,40	91,70	90,00	89,00	89,10	90,40	90,20	89,80
4 0/0 Russe (Berlin).	93,00	95,50	91,00	91,30	92,50	93,40	91,50	91,10
Rente française 3 0/0 (Paris)....	97,20	97,52	96,10	93,55	94,50	96,77	98,05	98,52
Cons. anglais 2 1/2 0/0 (Londres)	87 3/4	87 7/16	86 5/8	86 1/16	86 1/8	86 11/16	90 11/16	88 11/16
Russe 3 0/0 (Paris).	81,90	80,80	72,70	73,00	73,70	78,60	74,50	73,70
Japonais 4 0/0 (Londres)......	75,00	72 1/2	66,00	66 1/4	65 1/4	62,00	75 3/4	75 1/8

Bourse de Berlin

mencement du mois de mars, notamment, les meilleures prévisions relatives à l'industrie allemande furent, peu à peu, mises en avant et ont amené une hausse des valeurs à dividendes, hausse qui n'a pas seulement compensé les pertes subies au mois de février, mais a même, en partie, fait monter les cours à un niveau sensiblement plus élevé que celui du commencement de l'année.

Il faut mentionner que les valeurs d'Etat allemandes — par opposition aux valeurs françaises et anglaises — présentent une exception : le cours de l'emprunt 3 0/0 de l'Emprunt d'Allemagne, après avoir atteint un cours un peu plus élevé, a été, à la fin du mois d'août, de 89,80, c'est-à-dire 2 0/0 au-dessous du cours du 2 janvier. Nous n'entreprendrons pas ici de résoudre la question de savoir si c'est le taux d'escompte, moins favorable en Allemagne qu'à Londres et à Paris, ou si ce sont d'autres circonstances, dépendant de l'organisation du marché des capitaux allemands, qui ont provoqué ce développement défavorable des cours.

Tandis que l'influence de la guerre s'est manifestée sur le marché des capitaux de l'Europe Occidentale, au moins pendant les premières semaines, par des crises violentes, il a pu paraître, à première vue, que le marché financier, proprement dit, n'a pas été, pour ainsi dire, du tout touché par la guerre. Aucune des Banques d'émission de l'Europe Occidentale ne s'est vue obligée, à cause de la guerre, d'élever son taux d'escompte ; la Banque d'Angleterre l'a même,

ponais, ont rappelé à la Bourse que la guerre à laquelle elle n'a plus pensé depuis plusieurs semaines continue sans ralentir et peut encore apporter toutes sortes de surprises et de troubles.

par étapes successives, abaissé au mois d'avril à 4 0/0,
3 1/2 0/0 et 3 0/0, tandis que la Banque d'Allemagne
et la Banque de France ont maintenu, jusqu'à présent, sans changement, leurs taux à 4 0/0 et 3 0/0 (1).
Le taux d'escompte privé s'est maintenu, comme cela
résulte des tableaux ci-dessous, à un niveau raisonnable ; il n'a pas dépassé, pendant le mois critique de
février, 3 1/4 0/0 à Berlin, 3 1/2 0/0 à Londres et
2 13/16, à Paris.

| | BERLIN | | | LONDRES | | | PARIS | | |
	Moyen 0/0	Plus haut 0/0	Plus bas 0/0	Moyen 0/0	Plus haut 0/0	Plus bas 0/0	Moyen 0/0	Plus haut 0/0	Plus bas 0/0
1895.........	2,01	3,88	1,13	0,81	1,50	0,56	1,63	3,00	0,88
1900.........	4,41	5,63	3,63	3,70	5,56	2,31	3,17	4,50	2,50
1903.........	3,01	3 7/8	1 7/8	3,40	4,25	2,19	2,78	3,00	2,16
Janv. 1904.	2,58	2 7/8	2 1/4	3,29	3 9/16	3,00	2,84	2 13/16	2 13/16
Févr. —	2,77	3 1/4	2 1/8	3,21	3 1/2	2 13/16	2,00	2 13/16	2 7/16
Mars —	3,41	3 3/4	3 1/8	3,03	3 3/16	2 15/16	2,08	2 3/4	2 9/16
Avril —	2,83	3	2 5/8	2,51	2 7/8	2 1/8	2,73	2 5/8	2 9/16
Mai —	3,10	3 3/8	2 7/8	2,07	2 5/16	1 15/16	2,35	2 9/16	2 1/8
Juin —	2,98	3 1/4	2 3/8	2,09	2 1/4	1 15/16	1,73	2 5/16	1 1/4
Juillet —	2,60	2 7/8	2 1/2	2,36	2 15/16	1 7/8	1,39	1 9/16	1 1/4
Août —	2,62	2 3/4	2 1/2	2,87	3,00	2 3/4	1,23	1 3/8	1 1/8

Le deuxième trimestre de l'année 1904, pendant
lequel les deux belligérants ont émis leurs emprunts
sur le marché international, a même vu s'abaisser ce
taux d'une manière assez sensible, surtout sur les
deux marchés, où les emprunts ont été émis. Au mois

(1) En octobre 1904 la Banque d'Allemagne élève le taux
de 4 0/0 conservé pendant 16 mois, à 5 0/0.

de juin, le taux de l'escompte a même atteint un ni
veau qu'on n'a jamais revu depuis le commencement
de la grande prospérité, vers la fin du dernier siècle.
Pendant les mois de janvier à février, le taux de l'escompte a été aussi au-dessous du taux des mois correspondants de l'année 1903. Au contraire, à Berlin,
le taux moyen de l'escompte a été, durant les mois
de janvier à avril, plus élevé qu'aux époques corres-
pondantes de l'année 1903 ; au mois de mai, il a été
presque constamment au même niveau qu'en 1903, et
c'est seulement à partir du mois de juin, qu'il est des
cendu au-dessous du niveau de l'année précédente.
Toutefois, le taux de l'escompte n'a pas été à Berlin, pendant les quatre premiers mois de l'année, trop
au-dessus du niveau habituel. On pourrait, par conséquent, caractériser la situation du marché financier de l'Europe Occidentale, dans la période écoulée
de la guerre, par une abondance de capitaux à Paris
et à Londres, et par un état relativement aisé du marché, à Berlin. Rien ne rappelle la tension qui carac-
térisait le marché au moment de la guerre de l'Afrique Australe, et même de la guerre hispano-américaine.

Il serait pourtant prématuré de conclure que la
guerre n'a eu aucune influence sur le marché financier. Un examen plus attentif prouve plutôt que les
influences de la guerre se sont manifestées dans certaines modifications et, notamment, dans le changement de la relation entre le taux de l'escompte, hors
banque, à Berlin, et sur les autres places de l'Europe Occidentale. Mais, en général, l'influence de la
guerre a été balancée par d'autres influences plus
puissantes qui agissaient dans un sens contraire.

La guerre a éclaté au moment de l'année où,

comme l'a prouvé l'expérience, l'aisance du marché est ordinairement la plus grande sur les places de l'Europe Occidentale.

La prudence que la guerre imposait aux capitalistes et surtout aux grandes Banques d'émission a retardé l'abaissement habituel du taux d'intérêt à Londres et même amené une tension temporaire des taux à Paris et à Berlin. En février, le président de la Reichsbank, dans une séance de la Commission centrale, a déclaré qu'un abaissement de l'escompte qui, dans d'autres circonstances, aurait été fait sans aucun doute, était, actuellement, impossible, par suite de la réserve imposée par la guerre, et que même un relèvement n'était pas exclu. Au début de 1904, Berlin a eu un taux hors banque plus bas que la plupart des places occidentales de l'Europe. La conséquence a été que les capitaux allemands ont été placés dans ces places pour profiter de la différence des taux d'intérêt. Afin d'entraver l'exportation de l'or et conserver en vue de toutes les éventualités les moyens disponibles pour le marché allemand, la Reichsbank en réescomptant de grandes quantités de bons du Trésor allemands, dont elle avait pris de fortes quatités, a forcé le marché hors banque à relever ses taux (1). C'est par suite de cette mesure, amenée par les considérations de la guerre, que le rapport de Berlin et des autres places s'est retourné et que, depuis le mois de mars, l'escompte à Berlin a été plus haut qu'à Londres. La Banque d'Angleterre a retardé, par suite de la guerre, l'abaissement de l'escompte jusqu'à mi-avril.

(1) Opération analogue à celle de la Banque d'Angleterre faisant reporter des consolidés pour dégarnir le marché.

Dans le second trimestre, l'effet de la guerre a été contrarié par les grandes expéditions d'or d'Amérique en Europe, avant tout en France, et en relation avec la situation générale économique, ces arrivages d'or ont créé une tendance à la détente des taux d'intérêt. Le marché financier a été cependant influencé d'une façon intéressante par les grandes opérations financières des deux puissances belligérantes. L'émission de l'emprunt japonais, à Londres, et encore davantage l'émission de l'emprunt russe, à Paris, ont amené un grand afflux de capitaux dans ces deux centres, en première ligne, parce que les capitalistes, français et anglais, ont mobilisé et fait rentrer leurs ressources disponibles en vue d'une participation à ces emprunts, en second lieu, à un moindre degré, par suite de la participation des étrangers à ces opérations. En ce qui concerne Paris, l'abondance d'argent, a-t-on dit, aurait été facilitée par certaines opérations de l'administration russe. Celle-ci passe pour savoir détendre le marché monétaire par une concentration de ses crédits sur la place intéressante. Quoi qu'il en soit, l'afflux d'argent, à Londres et à Paris, a amené un abaissement ultérieur des taux en mai et en juin, tandis que, parallèlement, ils se tendaient à Berlin. Comme les deux nations en guerre ont contracté leurs emprunts étrangers, surtout pour se créer des ressources en vue des paiements qu'ils auront à faire au dehors, le marché de Paris et celui de Londres n'ont pas à redouter un retrait subit des capitaux souscrits pour les emprunts ; la Russie, comme le Japon, ont déclaré que pour la plus grande partie, ils avaient l'intention de laisser le produit des emprunts à l'étranger. Les versements sur les emprunts ont eu lieu sans perturbation visible du marché, et c'est parce que les sommes ainsi versées ont pu être aussi remises à sa disposition en crédits à courte échéance.

Après que les grandes opérations financières eurent été achevées, en mai, les capitaux accumulés, à Paris et à Londres, se sont de nouveau répartis également sur le marché international. L'Allemagne, principalement, a reçu un afflux considérable d'or, l'escompte hors banque, à Berlin, a été de 2 5/8, en juin, de 2 1/2 en juillet et août.

Depuis lors, les deux belligérants n'ont plus eu recours au marché international. Malgré quelques variations légères, dûes en partie à des dislocations des sommes au crédit de la Russie et du Japon, le marché est resté facile. Le 10 septembre, l'escompte hors banque a été de 2 7/8 à Berlin, 2 1/2 à Londres, 1 1/4 à Paris, contre les cotes de 3 3/8 à Berlin, 2 3/8 à Londres, 2 1/2 à Paris en septembre 1903.

On pourrait tirer des conclusions intéressantes pour la théorie de la monnaie et du crédit, mais ce n'est pas ici l'endroit. Il faut attendre le développement ultérieur des événements. En tout cas, jusqu'à la fin de septembre 1904, on peut dire que la guerre et les mesures financières des deux puissances en présence n'ont pas empêché une abondance considérable d'argent de se faire sur le marché international. Ce fait est d'importance, non seulement pour les marchés financiers et les intérêts économiques de l'Europe Occidentale, mais encore pour les mesures financières ultérieures des belligérants. Il suffit de comparer la situation actuelle du marché avec celle que l'Angleterre a trouvée à la fin de 1899, lorsque la guerre sud-africaine a éclaté, lorsque l'escompte était à 6 0/0 et davantage. On peut mesurer ce que l'abondance de l'argent signifie pour les opérations financières futures de la Russie et du Japon. Les difficultés que des Etats en guerre rencontrent, par suite de la situation générale du marché, sont réduites, dans le cas présent, à une mesure très modeste. Aussi faut-il accorder d'autant plus d'importance, au point de vue de la conduite financière de la guerre, aux éléments qui sont intrinsèques aux belligérants : leur puissance financière et leur habileté à combiner les mesures financières ultérieures.

APPENDICE

Le traducteur a ajouté à l'étude de M. le professeur Helfferich quelques notes comprenant l'article de M. Caillaux, ancien ministre des Finances, qui a paru dans la *Petite Gironde* du 11 juillet 1904 ainsi qu'une analyse de la conférence faite par M. Ottfried Nipphold sur le développement du Japon, depuis cinquante ans ainsi que quelques renseignements sur la moralité commerciale des Japonais, enfin, un tableau des fluctuations des principales Rentes.

*
* *

Les nombreux articles écrits depuis quelques mois sur les finances du Japon portent l'empreinte d'un optimisme ou d'un pessimisme qui nous paraissent également excessifs. A entendre certains, tels que M. Yves Guyot, la situation financière du Japon serait de tout point excellente. A lire d'autres écrivains non moins informés, le Japon serait à deux doigts de la faillite.

Pour faire le départ entre la vérité et l'erreur que renferment ces affirmations contradictoires, il ne faut pas se borner à consulter les documents officiels, les budgets et les comptes japonais, trop habilement présentés ; il faut examiner les chiffres à la loupe ; il faut surtout étudier de près le mouvement des recettes, des dépenses, les origines et le montant de la dette publique.

Quiconque, armé des connaissances voulues, poursuit ces travaux avec l'attention et le soin nécessaires, n'a pas de peine à apercevoir qu'il y a à tout le moins de gros points faibles dans la situation financière du Japon. Il remarque avant toutes choses que, quelles que soient les apparences, les budgets sont, depuis bon nombre d'années, presque constamment en déficit.

A lire l'*Annuaire financier et économique* du Japon, publié par le ministère des Finances, les choses iraient tout autrement. Si l'on acceptait sans les discuter les chiffres officiels, on constaterait que, depuis 1867-1868 jusqu'à ce jour, tous les budgets, à part ceux des exercices 1871-1872 et 1874, se sont soldés en excédent. Mais que l'on entre dans le détail, et l'on voit que les fonctionnaires japonais ne sont arrivés à écrire sur le papier d'aussi beaux résultats qu'en mettant en œuvre d'invraisemblables procédés de comptabilité. D'abord, parmi les recettes normales, ils font figurer le produit des emprunts. Cela est évidemment fort ingénieux, mais il est aisé d'observer qu'avec un tel système on arriverait à prouver que tous les budgets du monde sont en équilibre, puisqu'un budget est qualifié budget en déficit quand il existe entre le total général des dépenses et le montant des recettes ordinaires une différence qui est couverte par l'emprunt. Il convient donc de commencer par déduire des chiffres de recettes le montant des émissions de rentes pour rendre aux budgets leur physionomie véritable. Une... erreur plus sérieuse encore est à rectifier. L'administration japonaise fait entrer en ligne de compte parmi les recettes d'un exercice le report du prétendu excédent de l'exercice antérieur, si bien que la même somme figure deux fois dans les écritures. Il va de soi qu'un tel mode de procéder ne vaut pas la peine d'être discuté. Une fois réparées ces singulières surprises, du moment où l'on cesse de solliciter les chiffres, force est de reconnaître que nombre de budgets se sont clos en déficit ; que depuis 1896-1897 notamment, il n'est pas une année où il n'y ait eu un découvert considérable, dépassant parfois 200 millions, voire même 250 millions de francs.

Afin de donner quelques précisions, nous extrayons d'un fort intéressant article paru dans l'*Information* du 25 juin, sous la signature de M. Charles Rollin-Bizet, le tableau suivant, où les chiffres sont indiqués en yens, le yen valant, comme on le sait, 2 fr. 50 environ :

Exercices	Recettes	Dépenses	Déficits
1896-1897	109.543.076	168.856.508	59.313.432
1897-1898	130.242.833	228.842.236	98.599.403
1898-1899	134.958.273	222.677.335	87.719.062
1899-1900	179.206.216	259.262.468	80.056.252
1900-1901	200.017.935	300.053.499	100.035.544
1901-1902	206.507.978	273.705.318	67.197.340
1902-1903	264.720.193	288.952.958	24.232.765

De ce tableau, il faut retenir non seulement les résultats indiqués dans la dernière colonne, mais encore l'accroissement considérable des recettes et des dépenses qui ressort des deux premières.

Dans l'espace de sept années, les dépenses ont passé de 168 millions à 228 millions de yens, soit une majoration de 75 0/0, qui doit être presque uniquement attribuée à l'augmentation des dépenses militaires et des dépenses de travaux publics. Alors que, en 1896, les frais d'entretien de l'armée et de la flotte ne coûtaient guère plus de 23 millions de yens, moins de 60 millions de francs, en 1902 les crédits inscrits aux mêmes chapitres excédent 70 millions de yens, près de 180 millions de francs. Au cours de la même période, les dépenses de travaux publics ont passé de 32 millions à 114 millions de yens.

Il est bien vrai que, de leur côté, les recettes ont augmenté entre 1896 et 1902 dans une proportion encore plus marquée. Mais ce résultat n'est pas dû à des plus-values normales dans le rendement des impôts ; on ne l'a obtenu qu'en multipliant les taxes de toute nature, en substituant à un rudimentaire système d'impôts une fiscalité complexe. De nouveaux impôts de consommation ont été créés ; le taux de ceux qui existaient déjà a été relevé ; des taxes directes ont été insituées ; on leur a même superposé un impôt progressif sur le revenu organisé selon la formule allemande ; en un mot, on a tendu les ressorts de la fiscalité à un point tel qu'autant qu'il semble, il n'y a plus place aujourd'hui pour des taxes nouvelles.

Et cependant, les déficits n'ont cessé de subsister, ainsi que nous venons de le voir. Pour les couvrir, le gouvernement a dû faire appel à l'emprunt, à de nombreuses reprises, pour des sommes importantes. « La dette japonaise n'atteignait pas 5 millions de yens en 1870 ; elle s'est successivement élevée à 67 millions de yens en 1878, à 250 millions de yens en 1880, à 300 millions de yens en 1895, à 500 millions de yens en 1900, à 560 millions de yens en 1903. Elle doit être maintenant voisine de 900 millions de yens, soit 2.250 millions de francs, » ce qui est un chiffre énorme pour un peuple dont l'impôt sur le revenu, au taux moyen de 4 0/0, ne rapporte guère plus de 15 millions de francs ! Encore faut-il remarquer que ce total de 2.250 millions ne comprend pas la dette dissimulée, qui doit être très appréciable, à en juger par la multiplicité des comptes spéciaux, des comptabilités annexes, des prétendus fonds particuliers dont, partout et toujours, l'existence est le plus sûr indice d'emprunts occultes.

Est-ce à dire que la situation du Japon soit désespérée ! Faut-il croire avec l'auteur de l'article de l'*Information* que la banqueroute soit l'unique planche

de salut qui, au lendemain de la guerre, soit réservée au
Japon ?

Nous ne le pensons pas. Nous observons, en effet
que, malgré tout, les intérêts de la dette japonaise ne
nécessitent pas une dépense annuelle de plus de 50 à
60 millions de yens, représentant 22 0/0 environ du produit total des impôts. Or, il est un fait d'expérience,
reconnu par les financiers, et que le plus grand de nos
établissements de crédit considère comme un axiome,
c'est qu'un Etat ne suspend pas ses paiements du moment où le service de sa dette n'absorbe pas au moins
40 0/0 de ses ressources. Est-il d'ailleurs besoin de faire
remarquer que nombreux sont les pays européens où le
quart, le tiers même des recettes normales sert à couvrir les charges de la dette et qui n'en font pas moins
honneur à leurs engagements ?

Il est, en revanche, certain que le Japon ne pourra
se payer plus longtemps le luxe de continuels déficits,
et, comme les limites de la taxation paraissent atteintes, il lui faudra, sous peine de sombrer, réaliser des
économies, qu'il est d'ailleurs à même de faire, tant
en ralentissant le développement des travaux qu'en
éliminant les dépenses extraordinaires de la guerre
et de la marine.

En résumé, toute la question est de savoir si le peuple japonais s'accommodera d'une période de recueille-
ment, s'il saura être raisonnable. Rien n'est perdu,
ni pour lui ni pour ses créanciers, s'il a le courage de
se modérer. Il sera, au contraire, rapidement entraîné
vers l'abîme s'il se laisse aller dans l'avenir aux rêves
de mégalomanie qui l'ont trop hanté dans le passé (1).

JOSEPH CAILLAUX.

(1) D'après le correspondant du *Times* à Tokio (5 septembre 1904), les dépenses de guerre pour les six premiers
mois, y compris l'achat des deux croiseurs et la réfection

*
* *

Il a paru deux articles sous le titre : *Le Trésor de guerre russe et les Finances de la Russie*, dans la *Deutsche Rundschau*.

M. Tantzscher s'est attaché à établir la continuité de vues et de principes, qui relie l'œuvre des ministres des Finances, de M. Bunge à M. Witte et à M. Kokowtzeff : la circonspection dans l'établissement des prévisions, le souci d'excédents sur les prévisions de recettes, le maintien d'une réserve disponible pour parer aux événements imprévus (famine, expéditions militaires), la limitation des dépenses extraordinaires aux travaux neufs de chemins de fer et aux besoins annuels de la guerre et de la marine. Il a été obtenu, sauf deux ou trois années, régulièrement un excédent du budget ordinaire, non pas pour en faire parade, mais pour couvrir une partie au moins des dépenses extraordinaires. De 1893 à 1902, les surplus disponibles du budget ordinaire se sont élevés à R. 1.174 millions Durant cette période, un milliard de roubles a été prélevé sur les excédents du budget ordinaire pour la construction de chemins de fer; c'est là aussi que l'on a trouvé en partie les moyens de se procurer l'or nécessaire à la réforme monétaire.

Lorsqu'on a cru que la réserve nécessaire et indispensable à un pays comme la Russie allait être entamée, on a eu recours à des surtaxes d'impôts et à des opérations de crédit. M. Kergall l'a fort bien saisi et

d'uniformes d'hiver, se seraient élevées pour le Japon à 270 millions d'yens. Pour les six mois qui suivent, il faudrait compter sur un million d'yens par jour. Déduction faite des croiseurs et des uniformes, les dépenses de l'armée seraient de 365 millions d'yens, ou 925 millions de francs.

fort bien expliqué dans une brochure publiée il y a un ou deux ans.

C'est grâce à ce système qui a rencontré cependant des critiques en Russie et à l'étranger, que les disponibilités du Trésor s'élevaient le 1er janvier 1904 à environ R. 330 millions (880 millions de francs). Dans le budget de 1904, les travaux de chemins de fer et quelques autres dépenses extraordinaires se chiffraient par R. 212 millions, dont 195 millions devaient être pris sur les disponibilités du Trésor. Une fois la guerre engagée, des annulations de crédit ont réduit les dépenses de 1904 de 115 millions; il faut joindre 19 millions annulés sur les crédits d'exercices antérieurs. C'était une somme de 134 millions. En y ajoutant le solde non employé des disponibilités et quelques rentrées (plus-value des recettes ordinaires), on a calculé que pour les besoins de la guerre on avait comme entré de jeu 300 millions. Une partie des R. 134 millions ont été obtenus par l'ajournement de travaux de chemins de fer, mais d'autre part, il a fallu achever la ligne qui contourne le Baïkal. Des raisons politiques, stratégiques, économiques n'ont pas permis d'ailleurs d'interrompre le plan de certains travaux en train ou projetés (tels que la continuation du chemin Orenbourg à Taschkend).

Nous n'avons pas besoin de suivre M. Tantzscher dans l'exposé qu'il fait de la politique monétaire, introduite par M. Wischnegradsky et continuée par M. Witte, grâce à laquelle le stock d'or de la Banque de Russie a pu être renforcé (de 1887 à 1902, R. or 460 millions).

« L'existence de ressources en or aussi considérables, écrit M. Tantzscher, ainsi que la présence d'une grande quantité de métal jaune dans la circulation, procurent à l'État russe une position très favorable et sont avantageuses à son crédit. On s'en est aperçu lors de la conclusion de l'emprunt en bons du Trésor, avec les banquiers de Paris... En tout état de cause, le fonds or de la Banque avec les disponibilités du Trésor fortifient singulièrement la Russie, qui y trouve un trésor de guerre comme elle n'en a jamais possédé. La situation est infiniment meilleure qu'elle ne l'a jamais été. »

L'auteur des articles parus dans la *Deutsche Rundschau* s'attache ensuite à démontrer que le pessimisme concernant les finances russes, la prétendue limitation de l'élasticité de la taxation par l'épuisement du contribuable et de la matière imposable, ne répondent pas à la réalité. Il n'est pas du nombre de ceux qui critiquent systématiquement la politique de MM. Wischnegradsky et de Witt et qui reprochent à ces deux ministres d'avoir tout sacrifié au développement du commerce, de l'industrie et des voies de communication. Il est incontestable qu'à dater de 1887, la politique financière de la Russie a tendu à augmenter les recettes et à obtenir des excédents ; on a serré davantage le contribuable, mais non pas par voie de l'impôt direct appliqué aux paysans et aux classes rurales ; bien au contraire, celles-ci ont profité d'allégements et de dégrèvements, qui n'ont pas compromis l'équilibre indispensable au budget ordinaire. Lorsque la réforme monétaire a été achevée, les capitaux ont afflué davantage vers l'industrie. Il a pu sembler que les intérêts de l'agriculture ont été négligés, qu'ils ont passé au second rang. Cela n'est pas tout à fait exact. La production agricole est beaucoup plus lente à se ressentir des mesures prises en sa faveur que le commerce et l'industrie. Ainsi ce n'est pas du jour au lendemain

qu'on apercevra les effets de l'abolition de la responsa-
bilité collective des paysans devant le fisc et de l'accroissement de la propriété individuelle. Pour avoir
une agriculture prospère, faisant de la culture in-
tensive, il faut des conditions préalables, de bonnes
communications, un commerce actif, une industrie en
plein travail.

M. Tantzscher réfute les allégations des adversaires
de la Russie concernant la politique des chemins de
fer, le déficit de l'exploitation du réseau de l'Etat. Il
montre les immenses avantages que la Russie en retire,
ne serait-ce qu'au point de vue de l'exportation des
beurres de Sibérie, qui est née avec le chemin de fer
transsibérien. L'exportation de la Russie en général
a augmenté dans les dernières années et l'amélioration
des transports y a beaucoup contribué.

Il ne manque pas d'indices d'un accroissement de
prospérité et de bien-être en Russie durant la période
1893-1902, le rendement des impôts indirects et la statistique de la consommation en portent témoignage
tout comme la progression des versements dans les caisses d'épargne. L'essor de l'industrie russe a été interrompu par une crise qui a frappé principalement la
métallurgie et les mines, mais cette crise était surmon-
tée, l'impôt des patentes a donné 67,6 millions en 1905
contre 65,9 en 1902 et 69,8 en 1900.

M. Tantzscher est convaincu qu'une fois la guerre
finie, la Russie n'aura pas de peine à reprendre la
marche en avant, le développement de ses immenses
ressources naturelles. Son élasticité est très grande.
Elle en a donné la preuve après la guerre de Crimée
comme après la guerre de Turquie, et il en sera vraisemblablement de même après la guerre d'Extrême-
Orient.

*
* *

Les événements survenus depuis le mois de février ont prouvé de la façon la plus éclatante et l'on pourrait dire, la plus sanglante, que le Japon est un Empire militaire, admirablement organisé pour la guerre et qui, sous l'uniforme à l'européenne, a su préserver toutes les qualités guerrières de la féodalité. D'autre part, la Russie a déclaré avec suffisamment de netteté et de précision qu'elle déclinait toute intervention médiatrice, ne trouvant pas l'heure opportune aux bons offices des neutres. Si donc nous croyons devoir placer sous les yeux de nos lecteurs les impressions recueillies, par un voyageur suisse, M. Nipphold, dans un séjour prolongé au Japon, c'est pour montrer que la Russie en ce moment ne se bat pas seulement pour elle-même, pour ses propres intérêts, mais qu'elle est aussi le défenseur des intérêts communs de l'Europe, en tant qu'Europe commerçante et colonisatrice en Extrême-Orient. C'est un des aspects du problème que l'on écarte volontiers et sur lequel cependant il ne faut cesser d'arrêter les regards (1).

Les témoignages dans ce sens ne manquent pas aujourd'hui, ils viennent confirmer celui de M. Nipphold. La déposition de celui-ci, à la barre de l'opinion publique, est d'autant plus remarquable que plus d'une fois, il avait pris la plume pour défendre les Japonais,

(1) Le développement du Japon dans les cinquante dernières années par Otfried Nipphold. Berne 1904 (en allemand).

lorsque ceux-ci se trouvaient avoir raison. Il y a une dizaine d'années, il a élevé la voix contre l'intervention européenne, mais aujourd'hui que les dés sont tombés, que la partie a commencé, il faut se souvenir qu'on est Européen. La revanche des Japonais est dirigée contre toutes les nations européennes, sans distinction. Ce qui est en jeu, c'est l'intérêt commercial. Ce serait de la folie que de méconnaître un seul instant la tendance antieuropéenne de la politique japonaise.

M. Nipphold est d'accord que la première impression ressentie au Japon est exquise, mais bientôt on s'aperçoit que l'air est lourd, que les fleurs ne sentent rien, que les oiseaux ne chantent pas, que l'on y redoute les tremblements de terre et les typhons et les incendies. Interrogez de vieux résidents européens au Japon: Ils vous dépeindront les gens du pays tout autrement qu'ils ne vous ont semblé lorsque vous avez débarqué, et plus vous vivrez vous-même longtemps dans les îles soumises au Mikado, plus votre pessimisme pourra s'aiguiser. Pour être impartial, il faut apprendre à mesurer avec un étalon non pas européen, mais japonais.

Il est des choses admirables au Japon: la maîtrise de soi-même, la politesse, la facilité d'accommodation, d'adaptation. Mais cette politesse a son revers; à force d'être poli, on frise l'inexactitude, pour ne pas dire le mensonge. Le Chinois vaut infiniment mieux. Un proverbe anglais dit que le Japon est le paradis du touriste et le tombeau des espérances du négociant. M. Chéradame, dans le *Correspondant* du 25 septembre, ne craint pas d'affirmer que la bonne foi commerciale, le respect des contrats et des conventions n'existent pas au Japon entre nationaux et étrangers, et que malheureusement les tribunaux japonais viennent en aide à leurs concitoyens dans leurs litiges avec les Européens (1).

Il faut être sur ses gardes contre la politesse du Japonais et contre son apparente modestie et sa modération au premier abord. Le Japonais est orgueilleux, il est vain dès que la fibre patriotique est émue. Il se considère comme appartenant à une nation d'élite, apte à tout et qui peut tout. Et il n'est pas regardant ni scrupuleux dans le choix des moyens. Il s'exagère parfois sa force et son intelligence, mais elle ne l'empêche nullement de commettre des erreurs de jugement. Le Japonais est extrêmement passionné, impulsif, et avec cela il a le plus complet dédain de la mort et de la souffrance. M. Nipphold dit que l'on a pu être étonné, dans ces conditions, qu'un homme aussi brave attaque par derrière, d'une façon qui n'est pas admise entre gens d'honneur. Cela tient à une conception différente des choses.

L'*europaïsation* n'a jamais été le but, elle n'a été qu'un moyen. Comme on ne pouvait se débarrasser des étrangers, qu'il fallait les subir, on a cru qu'en leur empruntant leurs méthodes, on arriverait à les égaler.

Il ne faut pas perdre de vue que, depuis dix ans, le nationalisme, le *nativisme* ont fait d'immenses progrès au Japon. Tout comme au moyen âge, on méprise et on déteste les étrangers. Sur le terrain commercial et industriel, voyez comme la concurrence japonaise se fait sentir, comme elle est habile, comme elle ne recule devant aucun truc ni aucun procédé.

(1) M. Chéradame raconte l'histoire d'un fabricant de vermouth de Turin, dont la marque avait été contrefaite au Japon ; il eut la naïveté de faire un procès et fut condamné pour *contrefaçon* d'une étiquette japonaise.

Et le constitutionnalisme au Japon, qui lui a valu des sympathies en Europe, M. Nipphold renonce à jeter un regard dans les coulisses.

Dans les mœurs japonaises, la civilisation européenne ne sera jamais ce qu'elle est dans les nôtres, et cela parce que les Japonais sont d'autres hommes, une autre race, avec des conditions d'existence et des aspirations toutes différentes. Le résultat de l'évolution japonaise est ce que les Japonais ont souhaité, n'est pas ce que nous avons cru bénévolement.

Les Japonais veulent détruire l'influence de l'étranger, ils ambitionnent la suprématie dans l'océan Pacifique, et s'ils prennent pied en Corée, ce n'est pas tant pour des raisons économiques que pour des mobiles politiques. Ils veulent l'Asie baignée par les mers d'Extrême Orient pour eux et pour eux seuls.

Ce cri d'alarme mérite d'être signalé, et d'autant plus qu'il est lancé par un voyageur dont la nation n'a rien à redouter du Japon (1).

Le correspondant de la *Gazette de Francfort*, dans une lettre en date de Tokio, 2 septembre 1904, écrit que le péril jaune se trouve « in der Untergrabung unseres Exportes nach dem Osten und der freien Entfaltung unserer Schiffahrt daselbst hauptsächlich aber in einer unlauteren Konkurrenz unserer heimischen Industrie verbunden mit einer mehr als gewissenlosen

(1) Pour justifier la méfiance à l'égard des procédés financiers japonais, on peut citer l'exemple de Kobé : le texte anglais des obligations promettait le remboursement à un taux fixe, sur lequel le texte japonais est muet. Il y a l'affaire du gaz d'Ozaka, où la municipalité se fit allouer indûment le quart des bénéfices ; celle de la 130ᵉ banque, refusant de rembourser 200.000 yens avancés sur la signature de ses directeurs ; dans ce dernier cas, sous la pression diplomatique, le gouvernement remboursa.

Ausnutzung deutschen Vertrauens (dans la destruction de notre exportation en Extrême-Orient et dans celle du libre développement de notre navigation (1), mais dans une concurrence déloyale contre notre industrie et dans une exploitation, sans scrupule, de la confiance allemande.

La télégraphie sans fil du Japon est l'imitation de la télégraphie sans fil allemande, la poudre *Shimose* un plagiat. Les ingénieurs européens et américains ont un respect sans borne devant les Japonais qui visitent leurs établissements, qui ont l'air de ne s'intéresser à rien, et qui voient tout. Si quelque chose intéresse l'industrie japonaise, on envoie des espions qui prennent des notes, prennent des croquis et se retrouvent à Tokio pour réunir leurs renseignements.

Beaucoup d'articles allemands portent les lettres *D R M S* (deuscher Reichs Muster Schutz), protection impériale allemande des dessins et marques de fabrique. Un Japonais a déposé ces quatre lettres comme marque de fabrique et il fait des procès aux importateurs allemands de marchandises ainsi marquées.

Au point de vue politique, ajoute le correspondant de la *Gazette de Francfort*, le péril jaune pour les Anglais, c'est la perte de leurs possessions asiatiques, l'influence du Japon sur les Indes, le Siam et même l'Afghanistan.

A ces appréciations sur l'absence de bonne foi commerciale, il est permis d'ajouter cette appréciation d'un négociant de Lyon :

« Il est bien connu que, dans le commerce des soies, on ne peut pas faire au Japon de marchés à livrer ; il

____

(1) Les Japonais sont déjà les principaux concurrents de l'Allemagne sur le Yang-tsé.

faut se contenter d'acheter ce qu'on peut toucher du doigt et vérifier séance tenante, sans cela le Japonais ne livrerait pas ou livrerait une marchandise inférieure, si tel était, à ce moment, son intérêt.

« Cet exemple implique que les Européens n'ont pas confiance dans la moralité commerciale des Japonais.

« Au contraire, en Chine, et surtout à Shanghaï, on traite de *très grosses* affaires à livrer en soie, sur un espace de plusieurs mois, et on peut dire que toujours la marchandise est livrée en temps utile, au prix et dans la qualité stipulés.

« On peut ajouter que même si on traite une marchandise prête sur échantillon, le Japonais cherche au moment de la livraison à faire passer une marchandise inférieure, si le marché est en voie de hausse, dans le but de faire tomber une partie de l'affaire. »

Enfin, pour compléter le tableau, voyez ce que dit l'envoyé spécial du *Temps* (1), M. Charles Pettit :

« Les Japonais sont arrivés à nous donner l'illusion d'une justice fort convenable, créée à l'image de la nôtre ; si, dans les codes japonais, on retrouve des lois françaises presque copiées à la lettre, en revanche il faut se méfier de l'esprit qui préside à l'application de ces lois. La justice japonaise est vis-à-vis des étrangers d'une partialité fâcheuse, et ceci à tel point qu'aucun étranger n'a confiance en elle, ce qui contribue singulièrement à envenimer les rapports déjà tendus entre indigènes et étrangers. On pourrait citer des jugements, rendus par des tribunaux japonais, qui sont scandaleux.

« Les réformes en matière de justice civile ou criminelle, ont été effectuées, non parce que les Japonais les

____

(1) Lettre du 30 août 1904.

ont jugées bonnes, utiles ou justes, mais uniquement dans le but d'arracher la revision des traités et d'enlever aux étrangers leurs privilèges d'exterritorialité. Les Japonais sont parvenus à ce but. »

Les Français ont été les derniers à admettre le nouvel état de choses. C'est le 4 août 1896 que M. Hanotaux, alors ministre des Affaires étrangères, signa le traité qui abandonnait nos nationaux aux lois japonaises. Ce traité, ratifié définitivement à Tokio le 16 mars 1898, est devenu applicable le 4 août 1899. Il nous lie pour douze ans.

Cette date du 4 août 1899 marque le triomphe définitif de la diplomatie japonaise qui depuis trente ans combattait avec ardeur pour arriver à ce résultat.

Naturellement des protestations s'élevèrent contre la nouvelle situation faite aux étrangers; et ce qu'il y a de plus curieux, c'est que beaucoup de Japonais réclamèrent avec encore plus d'énergie que les étrangers.

En voici la raison : Les étrangers, auparavant, jouissaient évidemment, au Japon, de précieux privilèges; mais ils étaient comme parqués dans leurs concessions. En dehors des ports de Yokohama, Osaka, Kobé, Nagasaki, Niigata et Hakodaté, les étrangers ne pouvaient ni trafiquer, ni résider, ni même voyager à moins d'avoir un passeport spécial. A Tokio, les étrangers, même au service du gouvernement japonais, devaient habiter un quartier spécial appelé Tsukiji.

Aujourd'hui au contraire les nouveaux traités ont spécifié l'égalité de traitement au point de vue légal entre les Japonais et les étrangers, sauf pourtant certaines restrictions.

Or, si d'une part, les étrangers protestèrent contre la perte de leurs privilèges et se trouvèrent fort humiliés d'être uniquement justiciables des tribunaux japonais, d'autre part de nombreux Japonais firent, eux aussi, une campagne violente contre les nouveaux traités, craignant bien, à tort d'ailleurs, que les étrangers n'envahissent le pays, n'accaparent toutes les affaires et ne deviennent les véritables maîtres.

Ce sont ces craintes qui ont amené le gouvernement japonais à faire des restrictions déplorables sur l'égalité des droits vis-à-vis des étrangers.

Ouvrons le Code civil japonais; nous lisons ceci dès l'article 2: « Les étrangers jouissent des droits privés, à l'exception de ceux qui leur sont refusés par les lois d'ordonnance ou par les traités. »

Or, si les droits privés dont les étrangers ne peuvent pas avoir la jouissance sont clairement spécifiés par les traités, en revanche ils le sont d'une manière très embrouillée par les lois d'ordonnance que la plupart des ministres, en abandonnant leurs nationaux à la juridiction japonaise, ne connaissaient même pas.

On acquiert tous les jours de nouvelles preuves que l'égalité de traitement n'existe guère et que les Japonais sont loin d'être d'une loyauté absolue pour respecter les clauses des traités eux-mêmes.

C'est ainsi, par exemple, que cette année, bien qu'il ait été spécifié par les nouveaux traités que les étrangers n'auraient pas à supporter les taxes de guerre, les impôts supportés par les dits étrangers ont pourtant été presque doublés, ce qui revient au même que de payer des taxes extraordinaires. Il en est ainsi pour toute chose: il est spécifié par exemple que tel article commercial ne payera pas de droits de douane plus élevés qu'un maximum convenu: les Japonais respectent la convention, mais mettent sur cet article un droit de consommation qu'il faut payer d'avance en retirant l'article de la douane.

Mais ce qu'il y a de plus déplorable, en dehors des restrictions déjà stupides qui empêchent les étrangers d'exploiter des mines, de se livrer à l'agriculture, d'être actionnaires de certaines banques ou compagnies, etc., etc., c'est que les étrangers n'ont même pas le droit de propriété sur le sol.

Il est inutile d'aller plus loin. Du moment que les étrangers n'ont même pas ce droit, ils ne peuvent avoir réellement confiance dans le Japon, ni trouver les garanties suffisantes pour l'introduction de leurs capitaux.

Or, comme d'autre part les étrangers sont soumis aux mêmes taxes et aux mêmes impôts que les Japonais, il est véritablement abusif et injuste qu'ils ne jouissent pas des mêmes droits. Le principal impôt est l'impôt sur le revenu: il est progressif et s'étend indistinctement à tout ce qu'on possède et à tout ce qu'on gagne. C'est cet impôt surtout qui empêchera toujours un riche étranger de s'établir au Japon, non seulement parce qu'il est trop progressif, mais encore parce qu'il enlève toute trace de liberté en permettant au gouvernement, pour vérifier les déclarations, de s'ingérer dans toutes les affaires et d'exercer un contrôle odieux même sur la vie privée.

Je peux affirmer aux Japonais qui craignaient de voir leur pays envahi par les étrangers, qu'aucun d'entre eux, même le plus misérable, n'a plus la moindre envie de s'établir au Japon. Les faits sont là pour le prouver: les étrangers sont restés parqués comme autrefois dans leurs concessions, ayant trop de difficultés pour étendre leurs affaires à l'intérieur du Japon. Personne ne veut créer de nouvelles maisons au Japon, ni risquer le moindre capital sans des garanties très justes.

Le Japon, s'il n'opère pas plus loyalement vis-à-vis des étrangers, perdra de plus en plus un crédit déjà très compromis.

*
**

La Bourse de Saint-Pétersbourg a été assez fortement secouée par la rupture des négociations et les actes de guerre du Japon. Elle était moins optimiste peut-être que les Bourses de Berlin et de Paris, et la baisse de la Rente 4 0/0 intérieure avait pu être considérée comme un prodrome. Cela n'empêche pas que la secousse n'ait été des plus fortes, comme le montre le tableau ci-dessous. Il donne les cours de février :

	6	8	9	10	11
Bᵉ Internat.	339	372	350	355	360
» Russo-Chin.	219	205	200	200	200
» d'Escompte.	398	375	350	350	350
Russe.......	342	322	300	300	302
Sormovo.....	133	115	110	120	126
Briansk.....	102	92	75	82	91
Bakou......	316	472	400	410	425
Balt. wagons	602	560	549	549	550
Poutiloff.....	84	75	65	69	76
N. Marioupol	107	95	75	90	91
D. Jourieff..	99	80	70	75	82
Nobel......	10.100	9.800	9.200	9.500	9.900
Kolomna....	299	275	»	250	250
Sud-Est.....	100	90	85	85	93
Russe 4 0/0.	96	95	94	93	93
Chèq. Paris.	37.72	»	»	37.72	37.72

Il y eut un affolement qui s'est traduit par des demandes pressantes d'intervention de la Banque de Russie. Celle-ci et le ministère des Finances sont habitués à des assauts de cette espèce, toutes les fois que les affaires ont été mal à la Bourse. Durant ses dix ou onze années de ministère, M. Witte a eu, à quelques reprises, l'occasion d'exprimer les vues gouvernementales

en pareille matière ; ce sont des vues qui ne conquiè-
rent pas beaucoup de popularité au ministre ni au
gouverneur de la Banque, car c'est un refus de consacrer les disponibilités de la Banque ou du Trésor à
soutenir les cours, à faciliter la reprise et surtout à
provoquer de nouvelles offres à découvert.

Il suffit qu'on sache que l'Etat intervient pour re-
donner courage aux vendeurs sans marchandises et
déterminer même des détenteurs de titres à profiter
de la circonstance pour alléger leur portefeuille. Les
interventions à la Bourse, comme l'a montré M. Léon
Say dans une étude demeurée classique, doivent être
évitées, surtout dans des moments comme celui-ci.

Le *Journal du Ministère des Finances* consacra un
article à la tourmente qui a sévi à la Bourse de Saint-
Pétersbourg. Il fit ressortir les dangers de l'affolement
du public qui fait le jeu des spéculateurs de profes-
sion qui attaquent les cours, il conseilla le sang-froid
et fit remarquer :

1° Que le rôle des grandes banques centrales d'émission, gardiennes du stock métallique et régulatrices de
la circulation fiduciaire, est de servir les intérêts du
commerce, non pas de se condamner à des immobilisa-
tions de capitaux ;

2° Que les baisses rapides, amenées par des incidents
comme la guerre, sont suivies généralement assez vite
d'une amélioration, à condition que le public déten-
teur des titres ne perde pas la tête et ne fasse pas le
jeu de ceux qui veulent spéculer à la baisse.

Les avertissements du ministère des Finances n'ont
pas été perdus. La Bourse de Saint-Pétersbourg s'est
ressaisie. Les Valeurs métallurgiques avaient été particulièrement malmenées. On s'est aperçu en y réflé-
chissant que c'était là une branche d'industrie qui ne

pouvait manquer de profiter des événements. La guerre est généralement une source de bénéfices pour la métallurgie, qui y trouve l'occasion de recevoir des commandes de matériel de toute espèce.

Le tableau ci-dessous permet d'apprécier les écarts entre les cours du 13 janvier, du 8 février et du 8 octobre 1904.

	13 janvier	8 février	8 octobre
Sud-Est	111	90	125 1/2
Banque Russe	357	300	307
Banque Internationale	438	372	377
Banque d'Escompte	416	375	380
Banque Privée	243	180	197
Compagnie Bakou	544	472	461
Caspienne	5.600	4.100	5.310
Mantaschew	240	159	239
Nobel	11.000	9.200	10.500
Briansk	124	75	140
Marioupol	119	70	96
Sormowo	140	115	175 1/2
Kolomna	305	250	327
Malzew	600	600	585
Putilow	93 3/4	75	116
Hartmann	143	110	171
Phönix	164 1/2	115	197
Donez-Jurjew	121	80	111 1/2
Balt. Waggonfk	570	560	830
Lots 1864	429	320	395
» 1866	318 1/2	240	310
» Noblesse	273 1/2	210	262 1/2

La *Gazette de Francfort* s'est occupée de la répercussion des hostilités russo-japonaises sur les différentes Bourses. Elle constate que cette répercussion a été plus violente en Allemagne, où les Bourses sont désorganisées par le Boersengesetz sur les Valeurs ne se traitant pas à terme que sur les autres. Ainsi, en comparant les cours du samedi 6 février avec les plus bas cours cotés, la *Gazette* constate une baisse de 8,15 sur la Deutsche Bank, de 10,62 sur la Disconto, de 12,10 sur la Dresdener, tandis que la Laura recula de 14,12, Rheinstahl de 17, Harpener de 19.

La force de résistance des Bourses allemandes a été très faible cette fois: les 3 0/0 allemands ont baissé de 2 0/0 les Consolidés anglais de 0,97, le 3 0/0 français 1.42 0/0. Les Harpener ont baissé de 19 0/0 à Berlin, de 12 0/0 seulement à Paris.

Quelles ont été les fluctuations de la Bourse au moment de la rupture hispano-américaine en 1898 ?

La baisse a été graduelle: si l'on compare les cours du 22 avril avec ceux du 1ᵉʳ avril, on voit que la Rente française a reculé alors de 1,73 0/0 en trois semaines, le 3 0/0 allemand de 0,85, le Consolidé anglais de 1 15/16, les valeurs industrielles ont très peu baissé. Dès le 23 avril, lendemain de la déclaration de guerre, la reprise se dessine.

C'est le 24 avril 1877 qu'éclate la guerre entre la Russie et la Turquie.

	Consolidés anglais	3 0/0 français	5 0/0 russe 1873	Consolidés prussiens
3 avril	96 11/16	72 05	87 1/4	92 1/2
14 —	95 5/16	68 45	74 1/2	92
20 —	96 3/8	68 60	75 1/2	92
23 —	94 3/16	66 40	72 5/8	91
24 —	94 15/16	66 70	72 7/8	92
25 —	94 1/16	66 35	68 5/8	92

Le Turc baisse de 11 3/8 à 7 5/8, les Chemins égyptiens de 318 à 246 fr., le 4 0/0 autrichien de 65 à 54 1/2. Si l'on pouvait suivre le cours des fonds en 1877, on verrait peu à peu s'effacer les traces de cette baisse. La Russie peut émettre en 1877 un emprunt de 300 millions de francs en titre 5 0/0 (converti en 4 0/0 quinze ans plus tard), aux environs de 78.

Lors de la guerre entre l'Allemagne et la France, le 4 0/0 prussien qui valait 83 3/8, en juin 1870, avant la déclaration de guerre, était coté 85 3/8 en février, le 4 0/0 bavarois avait progressé de 86 5/8, à 90 3/8 ; six mois après, les deux 4 0/0 étaient à 95. Le 3 0/0 français était tombé de 72 3/8 en juin 1870, à 55, reddition de Paris, 51, commune, pour remonter à 75 1/2 à la fin de 1871.

*
* *

Le *Moniteur des Intérêts matériels* a publié le cours des principaux fonds d'Etats, depuis le mois de février 1904.

	Consolidé anglais	Rente française	3 0/0 prussien	4 0/0 russe 1889	4 0/0 japonais
31 déc. 1903.	88 1/16	97 02	91 75	98	77
30 janv. 1904	87 11/16	97 35	91 80	97 50	74 45
8 fév. (décl. de guerre	86 7/8	96 17	90 80	93 50	67 50
20 fév. (pani-nique) ..	86	93 55	89	93 50	66
29 février ..	86 1/16	94 42	89 40	94	65 1/2
31 mars......	85 7/16	96 77	90 60	94 90	62
30 avril.....	86 1/8	97 37	90 20	90 25	66 1/4
2 mai (pass. de Yalou)	89 7/16	96 97	90 20	90 45	68 1/4
31 mai.......	90 13/16	97 45	89 90	90	76
29 juin......	90 3/8	97 90	90 25	93	77 1/2
7 juille.....	89 7/8	98 32	90 25	94 50	74 1/4
27 juillet....	87 7/8	97 57	90	93	73
29 juillet....	88 1/8	97 85	89 60	92 50	73 5/8
8 sept.......	88 5/8	98 77	89 80	91 50	73 3/4
3 octobre...	88 3/4	97 75	89 90	93	73 5/8

La cote du Stock-Exchange de Londres, comprend les emprunts japonais suivants :

	Montant émis	Montant en circulation	Cours plus haut	Cours plus bas	Cours fin sept
	millions		de janv. à octob. 1904		
5 0/0 Bonds .. yens	43	43	90	75 1/8	87
4 0/0 Sterling loan. £	10	10	78 1/2	62	73
5 0/0 Bonds.... yens	50	50	90 1/4	72 5/8	85
6 0/0 Sterling Loan.£	10	10	97 1/4	95	96 3/4
5 0/0 92. 3. 5 red. yens	175	60,8	44 5/8	32 1/2	42 1/2

TABLE DES MATIERES